Rotes Heft 215

# Türöffnung

von
**Frank Hüsch**
Oberamtsrat
Landesfeuerwehrschule Baden-Württemberg

5., erweiterte und überarbeitete Auflage 2025

Verlag W. Kohlhammer

Dieses Werk einschließlich aller seiner Teile ist urheberrechtlich geschützt. Jede Verwendung außerhalb der engen Grenzen des Urheberrechts ist ohne Zustimmung des Verlags unzulässig und strafbar. Das gilt insbesondere für Vervielfältigungen, Übersetzungen, Mikroverfilmungen und für die Einspeicherung und Verarbeitung in elektronischen Systemen.

Die Wiedergabe von Warenbezeichnungen, Handelsnamen und sonstigen Kennzeichen in diesem Buch berechtigt nicht zu der Annahme, dass diese von jedermann frei benutzt werden dürfen. Vielmehr kann es sich auch dann um eingetragene Warenzeichen oder sonstige geschützte Kennzeichen handeln, wenn sie nicht eigens als solche gekennzeichnet sind.

Die Abbildungen stammen – sofern nicht anders angegeben – vom Autor.

5., erweiterte und überarbeitete Auflage 2025

Alle Rechte vorbehalten
© W. Kohlhammer GmbH, Stuttgart
Gesamtherstellung:
W. Kohlhammer GmbH, Heßbrühlstr. 69, 70565 Stuttgart
produktsicherheit@kohlhammer.de

Print:
ISBN 978-3-17-044480-5

E-Book-Formate:
pdf: ISBN 978-3-17-044482-9
epub: ISBN 978-3-17-044483-6

Für den Inhalt abgedruckter oder verlinkter Websites ist ausschließlich der jeweilige Betreiber verantwortlich. Die W. Kohlhammer GmbH hat keinen Einfluss auf die verknüpften Seiten und übernimmt hierfür keinerlei Haftung.

# Inhaltsverzeichnis

1 **Allgemeines** .................................... 9
   1.1    Verschwiegenheitpflicht .................. 10

2 **Gesetzliche Grundlagen** ....................... 13
   2.1    Duldungspflichten ........................ 13
   2.2    Einschränkung der Grundrechte ............ 15
   2.3    Maßnahmen der Feuerwehr ................. 16

3 **Erkundung** ..................................... 18

4 **Werkzeuge** ..................................... 21

5 **Sicherheitshinweis** ............................. 25

6 **Türöffnungen bei Brandeinsätzen** .............. 26
   6.1    Eintreten von Türen ...................... 27
   6.2    Aufhebeln von Türen mit der »Iconos Fire Axe/Iconos Firebird« ........................... 28
   6.3    Aufhebeln von Türen mit dem Halligan-Tool .. 30
   6.4    Entfernen des Profilzylinders mit dem Halligan-Tool .................................... 35
   6.5    Aufspreizen von Türen mit dem hydraulischen Türbrecher ............................... 37
   6.6    Aufspreizen von Türen mit dem E-Force Türöffner .................................... 39
   6.7    Aufsägen von Türen mit der Säbelsäge .... 40

# Inhaltsverzeichnis

|  |  |  |
|---|---|---|
| 6.8 | Aufsägen von Türen mit der Motorkettensäge | 43 |
| 6.9 | Aufsägen von Türen mit der Rettungssäge | 46 |
| 6.10 | Aufsägen von Türen mit der Zwillingstrennsäge | 47 |

**7 Türöffnungen bei Hilfeleistungseinsätzen** ........ **50**

**8 Türöffnungen bei Amtshilfe** ................... **51**

**9 Wiederverschließen geöffneter Türen/Fenster** .... **54**

**10 Zweck von Schlössern** ......................... **55**

**11 Schlossarten** ................................. **56**
    11.1    Arten von Einschubschlössern .............. 56

**12 Das Bundbartschloss** ......................... **60**
    12.1    Aufbau des Bundbartschlosses .............. 60
    12.2    Aufgaben der Bauteile des Bundbartschlosses . 61
    12.3    Funktionsweise des Bundbartschlosses ....... 63
    12.4    Funktion des Dietrichs bei Bundbartschlössern . 65
    12.5    Öffnen einer Zimmertür mittels Dietrich ...... 68

**13 Öffnen der Falle** .............................. **70**
    13.1    Öffnen der Türfalle mit dem Fallenblech ...... 71
    13.2    Öffnen der Türfalle mit dem Fallendraht ...... 73
    13.3    Paniköffner .............................. 75

**14 Zuhaltungsschloss** ............................ **77**
    14.1    Aufbau des Zuhaltungsschlosses ............ 77
    14.2    Aufgaben der Bauteile des Zuhaltungsschlosses 79

# Inhaltsverzeichnis

| | | |
|---|---|---|
| 14.3 | Funktion des Zuhaltungsschlosses | 80 |
| 14.4 | Funktion des Dietrichs beim Zuhaltungsschloss | 82 |
| 14.5 | Alternative Manipulation von Zuhaltungsschlössern | 85 |

**15 Einsteckschlösser** .................................. **89**

**16 Einschubschlösser mit Schließzylinder** ............ **92**

| | | |
|---|---|---|
| 16.1 | Aufbau des Profilzylinderschlosskastens | 93 |
| 16.2 | Aufgaben der Bauteile des Profilzylinderschlosses | 94 |
| 16.3 | Zerstörungsfreies Öffnen von Profilzylindern durch »Picken« | 99 |
| 16.4 | Zerstörungsarmes Entfernen von Profilzylindern | 100 |
| 16.4.1 | Entfernen des Profilzylinders mittels »multiZETTEX« | 103 |
| 16.4.2 | Entfernen des Profilzylinders mittels Zieh-Fix | 107 |
| 16.4.3 | Entfernen des Profilzylinders mittels Zylinderziehglocke | 112 |
| 16.5 | Zylinderziehschutz bei Profilzylindern | 116 |
| 16.6 | Aufbohren des Profilzylinders (Hausmeisteröffnung) | 119 |
| 16.7 | Aufbohrschutz bei Profilzylindern | 120 |
| 16.8 | Sicherheitstürbeschläge | 122 |
| 16.9 | Sicherheitstürbeschläge mit Trennschleifer entfernen | 123 |
| 16.10 | Fräsen von Profilzylindern mit 3 mm Fräser und 12 Volt Technik | 124 |
| 16.11 | Fräsen von Profilzylindern mit 6 mm Fräser und 18/28 Volt Technik | 129 |

# Inhaltsverzeichnis

**17 Rund- und Ovalzylinder** .................... **132**
    17.1    Montage und Demontage von Rund- und
             Ovalzylindern .................................. 133
    17.2    Aufbau des Rund- und Ovalzylinderschloss-
             kastens ........................................ 134
    17.3    Zerstörerisches Öffnen bei Rund- und Oval-
             zylindern ...................................... 137
    17.3.1  Entfernen von Rund- und Ovalzylindern mittels
             Zylinderziehglocke oder »multiZETTEX« ....... 137
    17.3.2  Bohrung auf »vier Uhr« bei Rund- und Oval-
             zylindern ...................................... 139
    17.3.3  Abbohren oder Fräsen der Haltestifte bei Rund-
             und Ovalzylindern ............................. 140
    17.3.4  Fräsen des Schließkerns bei Rund- und Oval-
             zylindern ...................................... 141

**18 Das zerstörungsfreie Öffnen von gekippten**
**Fenstern und Balkontüren** ...................... **144**
    18.1    Vorgehensweise mit dem Fensteröffner ....... 144
    18.2    Vorgehensweise mit dem »Genius«-Fenster-
             öffner .......................................... 148
    18.3    Öffnen von verschlossenen Fenstern mit dem
             »Woper«-Fensteröffner ........................ 151
    18.4    Öffnen von verschlossenen Fenstern mit einer
             Glaslochsäge .................................. 154

**19 Öffnen von zweiflügligen Türen** ............... **159**

**20 Türketten, Sicherheitstürsperren und Vorhänge-**
**schlösser** .......................................... **161**

# Inhaltsverzeichnis

**21 Zusatzschlösser** .................................... **164**
    21.1    Mögliche Einbauorte von Zusatzschlössern .... 164
    21.2    Abbohren oder Fräsen der Zusatzschließzylinder 166

**22 Standardeinsatzregel »Türöffnung«** .............. **168**

**23 Exkurs: Kraftfahrzeugtüröffnung** ................. **170**

Nachwort ........................................ 171

# 1 Allgemeines

Bei Brand- und Hilfeleistungseinsätzen stellen verschlossene Türen oft ein Hindernis für die Einsatzkräfte dar. Das Sicherheitsbedürfnis der Bevölkerung wächst stetig, und damit nehmen auch die technischen Neuerungen im Bereich der Einbruchsicherung zu. Die Bereitschaft für Investitionen im Bereich der Eigentumssicherung steigt bei Privatpersonen ebenfalls kontinuierlich an. Daraus ergeben sich für die Einsatzkräfte bei Türöffnungen immer wieder neue Probleme. Dieses Rote Heft soll eine Hilfe an die Hand geben, um diese Hemmnisse zu überwinden.

Die folgenden Ausführungen beinhalten Erfahrungen von Feuerwehrangehörigen, die diese beim Öffnen verschlossener Türen und Fenster an Einsatzstellen gesammelt haben. Nur durch diese Erfahrungen kann die Ausbildung über das Türöffnen auf dem neuesten Stand gehalten werden. Zum Thema »Türöffnen« zählen aber nicht etwa nur Türen, sondern jegliche Möglichkeiten, ins Innere einer Räumlichkeit zu gelangen. Dazu gehören auch Fenster, Balkone, Garagen und Dächer.

Gemäß den Brandschutzgesetzen müssen – wie bei allen Einsätzen – auch bei Türöffnungen die Verhältnismäßigkeiten gewahrt werden. Nur wenn eine akute Gefahr im Verzug ist, sollte eine verschlossene Tür auch mit zerstörerischer Gewalt geöffnet werden. Dies bedeutet insbesondere bei Brandeinsätzen oder bei Einsätzen, bei denen unter gar keinen Umständen Zeit vergeudet werden darf, dass man nicht lange ausprobiert, sondern schnellstmöglich gewaltsam einen Zu-

# 1 Allgemeines

gang in die betroffenen Räumlichkeiten schafft. Es obliegt dem Einsatzleiter, abzuschätzen, wie dringend ein Zugang geschaffen werden muss.

Ist keine Eile geboten, muss das Einsatzpersonal nach Mitteln und Wegen suchen, um das Eindringen in die Räumlichkeiten ohne oder mit verhältnismäßig geringen Beschädigungen und Einschränkungen zu bewerkstelligen.

Die im Nachfolgenden aufgeführten Möglichkeiten decken eine große Bandbreite der Notfalltüröffnung ab. Natürlich gibt es auch andere Varianten, Verfahren und Werkzeuge auf dem Markt sowie Schlüsseldiensttätigkeiten, aber nicht alle sind »feuerwehrtauglich«. Bei mehr als 80 Prozent der Einsätze kommen die Einsatzkräfte mit den erlernten Basismethoden zum Ziel. Um hier 100 Prozent zu erreichen, müsste der Aus- und Fortbildungsaufwand immens ausgeweitet werden. Meist wird das Ziel in den verbleibenden 20 Prozent der Einsätze aber auch durch Improvisation erreicht.

## 1.1 Verschwiegenheitspflicht

Bei Einsätzen der Feuerwehr kommt es immer wieder vor, dass Einsatzkräfte persönliche, geschäftliche oder betriebliche Informationen erhalten, die nicht an Dritte weitergegeben werden dürfen.

**Pflichten ehrenamtlich Tätiger**
(1) Der in ein Ehrenamt oder zu einer sonstigen ehrenamtlichen Tätigkeit Berufene hat die ihm übertragenen Geschäfte uneigennützig und verantwortungsbewusst zu führen.

## 1.1 Verschwiegenheitspflicht

(2) Der in ein Ehrenamt oder zu einer sonstigen ehrenamtlichen Tätigkeit Berufene ist über alle Angelegenheiten, deren Geheimhaltung gesetzlich vorgeschrieben, besonders angeordnet oder ihrer Natur nach erforderlich ist, zur Verschwiegenheit verpflichtet. Er darf die Kenntnis von geheim zu haltenden Angelegenheiten nicht unbefugt verwerten. Diese Verpflichtungen bestehen auch nach Beendigung des Ehrenamtes oder der sonstigen ehrenamtlichen Tätigkeit fort. Die Geheimhaltung kann nur aus Gründen des öffentlichen Wohls oder zum Schutz berechtigter Interessen Einzelner besonders angeordnet werden. Die Anordnung ist aufzuheben, sobald sie nicht mehr gerechtfertigt ist.

**Berufsfeuerwehr**
Beamtenrechtlich bestimmte Schweigepflicht gilt in allen Angelegenheiten, die bei der dienstlichen Tätigkeit der Feuerwehr mittelbar oder unmittelbar bekannt werden oder bekannt geworden sind (BeamtStG – Beamtenstatusgesetz).

**Freiwillige Feuerwehr**
1. Bei Ehrenbeamten gilt das Beamtenrecht.
2. Für alle Angehörigen der Freiwilligen Feuerwehr gilt das öffentlich-rechtliche Dienstverhältnis des Ehrenamtes gegenüber der Gemeinde (Gemeindeordnungen).

# 1 Allgemeines

> **INFO — § 203 Strafgesetzbuch (StGB) »Verletzung von Privatgeheimnissen«**
>
> (2) Ebenso wird bestraft, wer unbefugt ein fremdes Geheimnis, namentlich ein zum persönlichen Lebensbereich gehörendes Geheimnis oder ein Betriebs- oder Geschäftsgeheimnis, offenbart, das ihm als
>
> 1. Amtsträger,
> 2. für den öffentlichen Dienst besonders Verpflichteten,… anvertraut worden oder sonst bekannt geworden ist.

# 2 Gesetzliche Grundlagen

Um bei Bränden, Unglücksfällen, Notlagen und öffentlichen Notständen die Gefahrenabwehr durch die Feuerwehr durchzuführen, müssen die notwendigen rechtlichen Grundlagen geschaffen sein. Dies ist mit den Brandschutzgesetzen der Länder sichergestellt. Zur Gefahrenabwehr ist es oft notwendig, dass Einsatzkräfte der Feuerwehr in bestimmte Grundrechte der Bürger eingreifen oder diese sogar einschränken. Zudem müssen die Bürger gewisse Maßnahmen der Feuerwehr, die zur Gefahrenabwehr erforderlich sind, dulden. Im Folgenden werden die wichtigsten Duldungspflichten sowie Einschränkungen der Grundrechte aufgeführt. Diese können von Bundesland zu Bundesland unterschiedlich sein.

## 2.1 Duldungspflichten

1. Eigentümer, sonstige Nutzungsberechtigte und Besitzer von Grundstücken, Gebäuden, Anlagen und Schiffen sind verpflichtet, bei Bränden, Unglücksfällen, Notlagen und öffentlichen Notständen
    a) den Feuerwehren das Betreten und die Benutzung ihrer Grundstücke und Gebäude zur Brandbekämpfung oder Hilfeleistung zu gestatten.
    b) die vom Einsatzleiter der Feuerwehr im Zusammenhang mit diesen Arbeiten oder

**2** Gesetzliche Grundlagen

zur Verhütung einer Gefahrenausweitung angeordneten Maßnahmen zu dulden, soweit dies zur wirkungsvollen Gefahrenabwehr erforderlich ist.

2. Gleichzeitig sind selbige dazu verpflichtet, den Angehörigen der Feuerwehr und den auf Weisung des Technischen Einsatzleiters beim Einsatz tätigen Angehörigen anderer Einrichtungen und Organisationen sowie sonstigen beim Einsatz dienstlich tätigen Personen den Zutritt zu ihren Grundstücken, baulichen Anlagen und Schiffen und deren Benutzung für Lösch- und Rettungsarbeiten zu gestatten.

3. Darüber hinaus müssen sie Wasservorräte, die sich in ihrem Besitz befinden oder auf ihren Grundstücken oder in ihren baulichen Anlagen gewonnen werden können, auf Anforderung für die Lösch- und Rettungsarbeiten zur Verfügung stellen und ihre hierfür verwendbaren Geräte zur Benutzung überlassen.

4. Sie haben auch die vom Technischen Einsatzleiter im Interesse geeigneter Entfaltung der Lösch- und Rettungsarbeiten und zur Verhütung des Weiteren Umsichgreifens eines Brandes angeordneten Maßnahmen wie Räumung von Grundstücken und baulichen Anlagen, Beseitigung von Pflanzen, Fahrzeugen, Maschinen, Einfriedungen, Gebäudeteilen und Gebäuden zu dulden.

5. Eigentümer und Besitzer von Fahrzeugen, Löschmitteln sowie anderer zur Brandbekämpfung oder Hilfeleistung geeigneter Geräte und Einrichtungen

sind verpflichtet, diese auf Anforderung der Feuerwehr zur Verfügung zu stellen. Eigentümer und Besitzer bestimmter, von der Gemeinde bezeichneter Hilfs- und Zugfahrzeuge sind darüber hinaus verpflichtet, mit diesen Fahrzeugen bei Alarm für Einsätze oder Übungen unverzüglich ohne Aufforderung zum Alarmplatz zu kommen.

## 2.2 Einschränkung der Grundrechte

In Bezug auf die oben genannten Duldungspflichten sind Einschränkungen in die Grundrechte notwendig. In den Brandschutzgesetzen der Bundesländer ist beschrieben, inwieweit Feuerwehren im Einsatz tätig werden müssen bzw. welche Rechte und Pflichten sie bei Einsätzen haben. Nach den Maßgaben der Brandschutzgesetze können bei Einsätzen der Feuerwehr beispielhaft u. a. folgende Grundrechte eingeschränkt werden:

1. die körperliche Unversehrtheit der Person (Art. 2 Abs. 2 Satz 1 des Grundgesetzes),
2. die Freiheit der Person (Art. 2 Abs. 2 Satz 2 des Grundgesetzes),
3. die Freizügigkeit (Art. 11 Abs. 1 des Grundgesetzes),
4. die Berufsausübung (Art. 12 Abs. 1 des Grundgesetzes)
5. die Unverletzlichkeit der Wohnung (Art. 13 Abs. 1 des Grundgesetzes),

6. die Gewährleistung des Eigentums (Art. 14 Abs. 1 des Grundgesetzes),
7. die Versammlungsfreiheit (Art. 8 Abs. 2 des Grundgesetzes).

Die aufgeführten Duldungspflichten und Einschränkungen der Grundrechte sind länderspezifisch und müssen in den jeweiligen Brandschutzgesetzen nachgeschlagen werden. Sie werden meist in den sogenannten Ermächtigungsparagraphen abgebildet.

Gerade bei Türöffnungen, egal um welche Einsatzart es sich dabei handelt, wird in die Grundrechte der Betroffenen eingegriffen. Darum ist es wichtig, dass mit diesen Einschränkungen sorgsam umgegangen wird. Die Privatsphäre ist zu berücksichtigen. Zudem sollten sich die Maßnahmen auf das Wesentliche beschränken und dem Grundsatz der Verhältnismäßigkeit entsprechen. Insbesondere Führungskräften (Gruppen-/Zugführer) wird empfohlen, sich mit den Bestimmungen des jeweiligen Brandschutzgesetzes auseinanderzusetzen.

## 2.3 Maßnahmen der Feuerwehr

In begründeten Verdachtsfällen (z. B. angekündigter Suizid mit Kohlenstoffmonoxid) müssen mindestens zwei Einsatzkräfte mit entsprechender Schutzausrüstung (Atemschutz, Warn- oder Nachweisgeräten) zur Erkundung in die Räumlichkeiten vorgehen.

## 2.3 Maßnahmen der Feuerwehr

Bei Türöffnungen für den Rettungsdienst beschränken sich die Maßnahmen der Feuerwehr auf das Öffnen der Tür (vorausgesetzt, dass der Rettungsdienst bereits vor Ort ist). In diesen Fällen sollte nur das Rettungsdienstpersonal in die Wohnung zum Patienten vorgehen. Viele Einsatzkräfte von Rettungsdienst, Feuerwehr und Polizei werden von Betroffenen und Angehörigen meist als zusätzliche Belastung empfunden. Feuerwehreinsatzkräfte sollten nur nach Aufforderung (z. B. Unterstützung oder Tragehilfe) mit in die Wohnung vorgehen. Ist der Rettungsdienst noch nicht vor Ort, müssen die Einsatzkräfte der Feuerwehr im Rahmen der Ersten Hilfe tätig werden. Neben Türöffnungen für den Rettungsdienst, gibt es natürlich auch Einsätze, bei denen die Feuerwehr im Rahmen der Gefahrenabwehr unmittelbar tätig werden muss.

**Wichtiger Hinweis:**
Das Verschließen ist normalerweise die Aufgabe der Polizei und wird in den meisten Fällen im Rahmen der Amtshilfe von der Feuerwehr durchgeführt. Deshalb sollte eine etwaige Schlüsselübergabe ausschließlich an die Polizei erfolgen.

# 3 Erkundung

Bereits während der Anfahrt erhalten die Einsatzkräfte in der Regel erste Informationen wie zum Beispiel die genaue Adresse, das Stockwerk, die Lage der Wohnung, die Anwesenheit von Angehörigen usw. Nach dem Eintreffen werden beispielhaft die nachfolgend aufgeführten vier Phasen der Erkundung angewandt:

1. **Frontalansicht** (Ein erster Blick auf die Gebäudefront kann bereits Informationen über vorhandene geeignete Einstiegsmöglichkeiten, wie beispielsweise geöffnete/gekippte Fenster oder Balkontüren, sowie deren Erreichbarkeit geben.) (▶ Bild 1)
2. **Befragung** (z. B. von Nachbarn, Angehörigen, Rettungsdienst etc.)
3. **Innenansicht/Detailansicht** (z. B. Zustand der Wohnungstür)
4. **Rundumansicht** (eventuelle Zugangsmöglichkeiten auf der Gebäuderückseite) (▶ Bild 2)

Beim Einsatzstichwort »Hilflose Person hinter Tür« sollte in jedem Fall zunächst an der betroffenen Wohnungstür laut und deutlich geklopft, geklingelt und gerufen werden. Es gab schon zahlreiche Einsätze, bei denen die vermutlich hilflosen Personen nach heftigem Klopfen, »Sturmklingeln« und Rufen die Wohnungstür selbst öffneten. Sie hatten aufgrund von Erkrankungen oder Medikamenteneinnahme das Klingeln der Angehörigen oder Nachbarn schlichtweg nicht gehört. Auch kann durch die Nutzung moderner Kopfhörer mit Geräuschunterdrückung (Active Noise Cancelling) ein normales Klingeln oder Klopfen schnell überhört werden.

**Bild 1:** *Erkundung erreichbarer Fenster an der Hausfront*

Des Weiteren können Zweitschlüssel bei Nachbarn, Angehörigen oder beim Hausmeister hinterlegt sein. Je nachdem wie dringend der Einsatz ist, sollte auch diese Möglichkeit in Betracht gezogen werden. Bei Türöffnungen mit hilflosen Personen, welche ansprechbar sind, macht es Sinn, sich mit diesen zu unterhalten. Man erfährt dadurch unter Umständen von vorhandenen Zweitschlüsseln, mit denen ein zerstörungsfreier Zutritt möglich wird.

Bei der Überprüfung von Wohnungen auf Wasserschäden ist nach dem Schließen der Wasserzufuhr in aller Regel keine

## 3 Erkundung

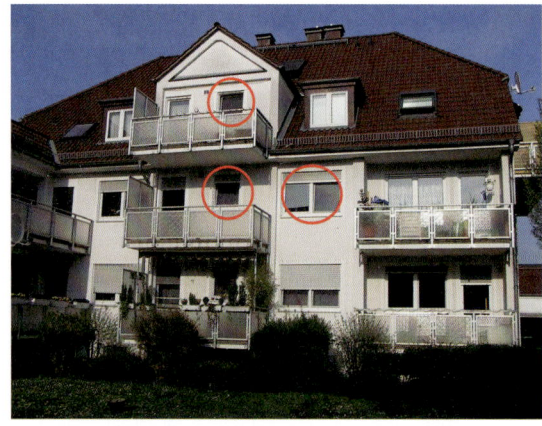

**Bild 2:** *Erkundung erreichbarer Zugänge an der Gebäuderückseite*

akute Gefahr in Verzug, sodass hier zerstörungsärmere Öffnungstechniken durchgeführt werden können.

# 4 Werkzeuge

Auf den vielen Einsatzfahrzeugen der Feuerwehren befinden sich Brechwerkzeugsätze, in denen alle zur Notfalltüröffnung benötigten Geräte verladen sind. Zu deren Transport sind Rucksäcke besonders zu empfehlen (▶ Bilder 3 und 4). Es ist zu prüfen, welche Gerätschaften für die durchzuführenden Maßnahmen und Öffnungsmethoden notwendig sind. Aus Gewichts-, Übersichts- und Handhabungsgründen sollte man sich dabei auf die wichtigsten Werkzeuge beschränken. Für erweiterte Maßnahmen (z. B. bei Überprüfungen nach Wasserschäden) kann das Brechwerkzeug mit dem Werkzeug des Handwerkzeugkastens ergänzt werden. Bei jeder Fahrzeugübernahme ist auf die Vollständigkeit und Funktionsfähigkeit der Geräte zu achten.

**Bild 3:** *Türöffnungsrucksack Modell »Wiesbaden«*

# 4 Werkzeuge

Bild 4: *Inhalt des Türöffnungsrucksacks Modell »Wiesbaden«*

**Werkzeugbeispiel für Notfalltüröffnungen:**

Fenster/Balkontüren
- 1 Kippfensteröffner,
- 45 mm Diamantfliesenfräser für Akkuschrauber.

Türen (zerstörungsfrei)
- 2 Fallenheber,
- 2 Türfallendrähte,
- 2 Spiralöffner,
- 1 Bundbart-Dietrich,

# 4 Werkzeuge

- Dietrichsatz »K« für Zuhaltungsschlösser.

Türen (Zylinder ziehen)
- 1 Akkuschrauber inklusive Ersatz-Akku,
- 1 Spannfutter für Zieh-Fix-Schrauben,
- 10 Zieh-Fix-Schrauben,
- 1 Dose Schmiermittel,
- 1 »multiZETTEX« Ziehhebel/Ziehglocke,
- 1 Torx-T-Griff,
- 1 Vorkörner,
- 1 flexibler Stabmagnet,
- 1 Spitzzange,
- 1 Neubauschlüssel.

Türen (Zylinder fräsen mit 3 mm)
- 1 Fräsmaschine 12 Volt mit Zubehör,
- 3 Vollhartmetall-Fräser 3 x 65 mm mit Anschlag (gegen Herauswandern),
- 2 Stahlspannzangen 3,1 mm,
- 1 Fräshilfschlüssel,
- 1 Verdrehsicherung,
- 1 Blasebalg,
- Schutzbrillen und Gehörschutzstöpsel.

Türen (Zylinder fräsen mit 6 mm)
- 1 Fräsmaschine 18 Volt/28 Volt mit Zubehör,
- 3 Vollhartmetall-Fräser 6 x 60 mm,
- 1 Blasebalg,
- Schutzbrillen und Gehörschutzstöpsel.

## 4 Werkzeuge

Hilfswerkzeuge
- 2 Kreuzschlitz-Schraubendreher,
- 2 Schlitz-Schraubendreher,
- Bit-Satz für Akkuschrauber,
- 2 Vorstecher,
- 5 Schlüsseleinsätze oder Ersatzprofilzylinder,
- 1 Hammer (100 g),
- 1 kleiner Bolzenschneider.

# 5 Sicherheitshinweis

Um Unfälle und Verletzungen der Einsatzkräfte und anderer Personen zu vermeiden, ist bei allen Arbeiten unbedingt die jeweils notwendige Schutzkleidung gemäß den Herstellerangaben, Richtlinien, Vorschriften sowie der geltenden Unfallverhütungsvorschriften (UVV) anzulegen. Auch sind die verwendeten Werkzeuge, Geräte und Maschinen sinngemäß der Herstellerangaben fachgerecht anzuwenden.

# 6 Türöffnungen bei Brandeinsätzen

Türöffnungen bei Brandeinsätzen erfolgen in der Regel auf zerstörerische Weise, da der Zugang in die betroffenen Räumlichkeiten aufgrund der Lage (Menschenrettung, Rauchentwicklung, Brandausbreitung etc.) sehr schnell erfolgen muss. Hierzu zählen auch Wohnraumtüren, Kinderzimmertüren, Schlafzimmertüren etc. Zu den gängigsten Öffnungsmethoden zählen das Eintreten, Aufhebeln, Aufsägen oder Aufspreizen von Türen.

Die folgenden Ausführungen stellen nur einen Auszug von Möglichkeiten dar und zielen alle auf den schnellen Zugriff mit zerstörerischen Methoden. Die gezeigten Bilder stellen die Situationen exemplarisch dar. Um die Bildqualität durch die Reflexstreifen der Brandschutzkleidung nicht zu beeinträchtigen, wurde auf diese verzichtet. Bei Brandeinsätzen muss beim Öffnen von Brandraumtüren selbstverständlich die vollständige Schutzausrüstung angelegt und ein Strahlrohr mit Wasser vorbereitet sein.

Bei der Verwendung von elektrisch betriebenen Werkzeugen ist die verlängerte Rüstzeit aufgrund der benötigten Stromversorgung zu berücksichtigen.

### 6.1 Eintreten von Türen

**Bild 5:** *Einsatzkräfte mit PSA kurz vor dem Eindringen in eine Brandwohnung.*

## 6.1 Eintreten von Türen

Da die Anforderungen an Abschlusstüren zu notwendigen Treppenräumen erheblich erhöht wurden, hat gleichermaßen auch deren Stabilität zugenommen. Das Eintreten von Wohnungstüren kann deshalb zu schwerwiegenden Verletzungen führen. Tritt man wie im ▶ Bild 6 gezeigt gar ein Loch in die Tür, so kann es zusätzlich zum Sturz kommen. Das Herausziehen des Fußes aus der Tür ist unter Umständen nur durch Ausziehen des Stiefels möglich, da die Holzsplitter wie Widerhaken wirken. Darum sollte das Eintreten von Türen nur in Ausnahmefällen (z. B. Zimmertüren) durchgeführt werden.

# 6 Türöffnungen bei Brandeinsätzen

Betrachtet man die Situation unter dem Gesichtspunkt, dass eine gewaltsame Türöffnung einen zeitkritischen Hintergrund hat, würde eine verletzte Einsatzkraft den Einsatz unter Umständen erheblich verzögern. Der Gesundheit zuliebe ist es ratsam, dass der vorgehende Trupp geeignete Werkzeuge zur Türöffnung mitführt.

Bild 6: *Das Eintreten von Türen kann zu erheblichen Verletzungen führen und sollte deshalb nur in Ausnahmefällen erfolgen.*

## 6.2 Aufhebeln von Türen mit der »Iconos Fire Axe/Iconos Firebird«

Die »Iconos Fire Axe« (▶ Bild 7a) ist ein Werkzeug, das speziell für die Aufgaben eines Trupps im Brandeinsatz entwickelt wurde. Dazu zählt auch die Möglichkeit, einfache Türen zu öffnen. Mithilfe der »Iconos Fire Axe« wird ober- und unterhalb des Türschlosses jeweils ein Keil in den Türspalt eingebracht, um die Tür auf Vorspannung zu bringen. Die Hebelschneide der »Iconos Fire Axe« wird nun im Bereich des

## 6.2 Aufhebeln von Türen mit der »Iconos Fire Axe«

Türschildes in den Türspalt angesetzt (▶ Bild 7b). Durch eine horizontale Bewegung der Axt bricht die Tür auf (▶ Bild 7c). Das Unterlegen eines Holzkeils ist hier sehr hilfreich. Dieser verhindert bei weichen Türblättern das Eindrücken des Werkzeugs und vergrößert den Hebelweg. Eine weitere Möglichkeit besteht darin, die Axtschneide in den Türspalt einzubringen, um die Tür aufzuhebeln (▶ Bild 7d). Die Einkerbungen an der Axtschneide verhindern dabei ein Herausrutschen. Auf dieselbe Art und Weise können so auch Türen geöffnet werden, die nach außen aufgehen.

Bild 7a: *»Iconos Fire Axe«*

Bild 7b: **Die Hebelschneide wird im Bereich des Türschildes in den Türspalt eingeschlagen.**

# 6 Türöffnungen bei Brandeinsätzen

Bild 7c: *Durch eine horizontale Bewegung bricht die Tür auf.*

Bild 7d: *Die Tür kann auch mit der Axtschneide aufgehebelt werden.*

## 6.3 Aufhebeln von Türen mit dem Halligan-Tool

Mithilfe des Halligan-Tools (▶ Bild 8a) wird ober- und unterhalb des Türschlosses jeweils ein Keil in den Türspalt eingebracht, um die Tür auf Vorspannung zu bringen (▶ Bilder Bild 8b und Bild 8c). Die Querschneide des Halligan-Tools wird

## 6.3 Aufhebeln von Türen mit dem Halligan-Tool

in Höhe des Türschlosses in den Türspalt eingeschlagen (▶ Bild 8d). Durch die Abwärtsbewegung des Hebels bricht die Tür auf. Sollte dies nicht der Fall sein, so kann durch eine horizontale Bewegung zur Tür hin dem Aufbrechen Nachdruck verliehen werden.

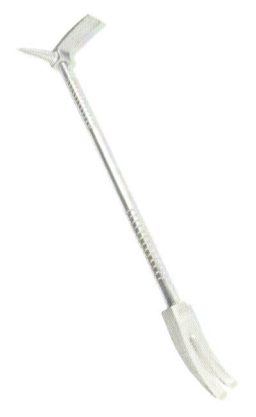

Bild 8a: *Halligan-Tool (Foto: Weber-Rescue Systems)*

Bild 8b: *Einbringen eines Keils im oberen Bereich des Türspalts*

## 6   Türöffnungen bei Brandeinsätzen

Bild 8c: *Einbringen eines Keils im unteren Bereich des Türspalts*

Bild 8d: *Aufhebeln der vorgespannten Tür mit dem Halligan-Tool*

## 6.3 Aufhebeln von Türen mit dem Halligan-Tool

**Bild 8e:** *Die Klaue des Halligan-Tool wird unter dem Türbeschlag angesetzt.*

**Bild 8f:** *Das Halligan-Tool wird mit dem Schlagwerkzeug eingeschlagen.*

## 6  Türöffnungen bei Brandeinsätzen

Bild 8g: *Die Tür wird mit dem Halligan-Tool aufgehebelt.*

Bild 8h: *Halligan-Tool-Kombination der Firma Dönges (Foto: Dönges)*

## 6.4 Entfernen des Profilzylinders mit dem Halligan-Tool

Beim Entfernen des Profilzylinders mithilfe des Halligan-Tools wird mit diesem zuerst das Türschild abgehebelt oder abgeschlagen (▶ Bild 9a). Somit ist der Zylinder freigelegt. Nun wird mit der Klaue der Profilzylinder fixiert und abgedreht (▶ Bild 9b). Die im Schlosskasten befindlichen Teile können mit der Spitze des Halligan-Tools herausgestoßen werden. Mit dem Neubauschlüssel kann anschließend die Tür aufgesperrt werden

**Hinweis:**
Diese Methode gelingt nur bei Türbeschlägen, welche von außen geschraubt sind! (▶ Bild 9c)

**Bild 9a:** *Abschlagen des Türschildes und des Türknaufs, um den Schließzylinder freizulegen*

# 6 Türöffnungen bei Brandeinsätzen

Bild 9b: *Abdrehen des Zylinders nach der Entfernung des Türschildes*

Bild 9c: *Nach dem Abdrehen des Zylinders kann die Tür mit dem Neubauschlüssel aufgeschlossen werden.*

## 6.5 Aufspreizen von Türen mit dem hydraulischen Türbrecher

Hydraulische Türbrecher (▶ Bild 10a) arbeiten mit bis zu 100 kN Spreizkraft und einem Spreizweg von etwa 140 Millimeter. Durch das gezielte und anhaltende Aufbringen der Kraft an der richtigen Stelle der Tür (Bereich des Türschildes, ggf. Türbänder) führt der Einsatz eines hydraulischen Türbrechers fast immer zum Erfolg. Aufgrund der anhaltenden Krafteinwirkung kommt es dabei oft zu geringen Schäden. Meist reißen oder biegen sich die Schließbleche aus dem Türrahmen heraus, welche mit einfachen Mitteln wieder instandgesetzt werden können. Mithilfe des hydraulischen Türbrechers lassen sich sogar Feuerschutztüren öffnen. Der hydraulische Türbrecher wird mittels eines Hammers möglichst nah am Türschild in den Türspalt getrieben (▶ Bild 10c). Nun wird mit der Handpumpe die Tür aufgespreizt (▶ Bild 10d). Damit die Tür nicht unkontrolliert aufspringt, kann diese gegebenenfalls mit einer Bandschlinge oder einem Seilschlauchhalter gesichert werden. Der hydraulische Türbrecher ist beim Öffnungsvorgang festzuhalten, damit er nicht zu Boden fällt (▶ Bild 10e).

## 6 Türöffnungen bei Brandeinsätzen

**Bild 10a:**
*Hydraulischer Türbrecher
(Foto: Weber-Rescue Systems)*

**Bild 10b:**
*Hydraulischer Türbrecher
(Foto: Weber-Rescue Systems)*

**Bild 10c:**
*Einbringen des hydraulischen Türbrechers in den Türspalt*

**Bild 10d:**
*Aufspreizen der Tür mittels Handpumpe*

**Bild 10e:**
*Beim Spreizvorgang muss der hydraulische Türbrecher gut festgehalten werden.*

## 6.6 Aufspreizen von Türen mit dem E-Force Türöffner

Eine Weiterentwicklung des hydraulischen Türbrechers ist der E-Force Türöffner (▶ Bild 11a). Dieses Gerät arbeitet elektrohydraulisch. Eine von einem Akku angetriebene Hydraulikpumpe versorgt den E-Force Türöffner mit dem notwendigen Öldruck. Die Spreizkraft von 100 kN und der Hubweg von 140 mm ermöglichen einen vielfältigen Einsatz bei Notfalltüröffnungen. Das Gerät kann von nur einer Einsatzkraft eingesetzt werden. Die Vorgehensweise erfolgt analog zum hydraulischen Türbrecher (▶ Bilder 11b bis 11d).

Bild 11a: *E-Force Türöffner (Foto: Weber-Rescue Systems)*

Bild 11b: *Das Gerät wird von einer Einsatzkraft in Stellung gebracht.*

# 6 Türöffnungen bei Brandeinsätzen

**Bild 11c:** *Einbringen des E-Force Türöffners in den Türspalt*

**Bild 11d:** *Mit dem E-Force Türöffner geöffnete Tür*

## 6.7 Aufsägen von Türen mit der Säbelsäge

Lässt sich eine Tür nicht zerstörungsfrei bzw. zerstörungsarm öffnen, kann in vielen Fällen ein schneller und sicherer Zugang mittels einer Säbelsäge geschaffen werden. Diese Variante sollte dem Einsatz anderer Geräte (z. B. Motorsäge) vorgezogen werden. Für den Einsatz der Säbelsäge ist keine spezielle Ausbildung und keine Schnittschutzausrüstung notwendig. Lediglich eine Einweisung in den Umgang und die Handhabung des Gerätes ist erforderlich. Bei Arbeiten mit der Säbelsäge sollte eine Schutzbrille getragen werden, um das

## 6.7 Aufsägen von Türen mit der Säbelsäge

Risiko einer Augenverletzung zu vermeiden. Um beim »aufgesetzten Schnitt« das Eindringen in die Tür zu erleichtern, sollte ein mittellanges Sägeblatt um 180 Grad verdreht in die Säge eingespannt werden. Hierdurch wird der Aufsetzwinkel günstiger (▶ Bild 12a). Der Ablauf beim Aufsägen von Türen mit der Säbelsäge wird in den ▶ Bildern 12b bis 12e dargestellt.

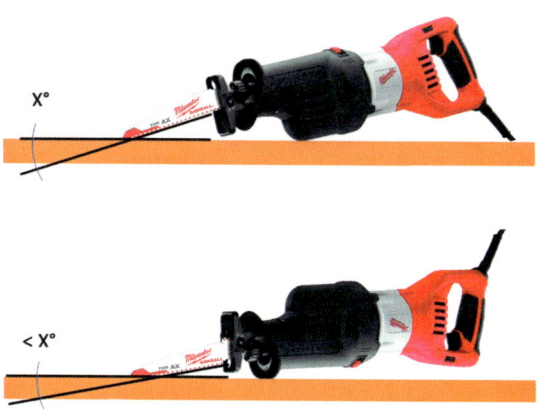

**Bild 12a:** *Wird das Sägeblatt um 180 Grad verdreht in die Säbelsäge eingespannt, ergibt sich ein günstigerer Aufsetzwinkel.*

## 6   Türöffnungen bei Brandeinsätzen

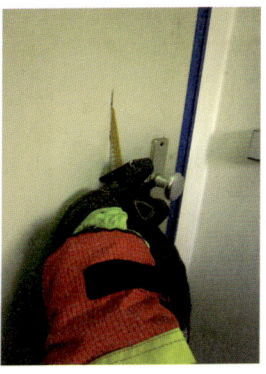 

**Bild 12b:** *Die Säbelsäge wird außerhalb des Schlosskastens angesetzt.*

**Bild 12c:** *Nun wird um den Schlosskasten herumgesägt.*

## 6.8 Aufsägen von Türen mit der Motorkettensäge

**Bild 12d:** *Mit einem Halligan-Tool oder einem anderen entsprechenden Werkzeug wird der ausgesägte Bereich eingedrückt.*

**Bild 12e:** *Jetzt lässt sich die Tür mit der Hand öffnen.*

## 6.8 Aufsägen von Türen mit der Motorkettensäge

In vereinzelten Fällen kann zum Türöffnen der Einsatz einer Motorkettensäge notwendig sein. Hierfür dürfen nur speziell ausgebildete Feuerwehrangehörige eingesetzt werden. Beim Aufsägen von Türen mit der Motorkettensäge ist unbedingt die hierfür vorgeschriebene Schnittschutzkleidung zu tragen.

Der Sägeschnitt sollte – wie abgebildet – im Bereich der Türscharniere durchgeführt werden. Hierdurch lässt sich die Tür im Folgenden leichter und kontrollierter aufhebeln. Die Säge wird flach zum Türblatt aufgesetzt. Hierbei ist darauf zu achten, dass sich im Schnitt keine Metallteile befinden. Diese führen sonst zur zwangsläufigen Beschädigung der Kette. Nun wird der Schnitt vorsichtig nach unten geführt (▶ Bilder 13a und 13b). Dies geschieht unter Vollgas der Säge. Nach Beendigung der Sägearbeiten kann die Tür mit der Hand aufgedrückt werden (▶ Bild 13c).

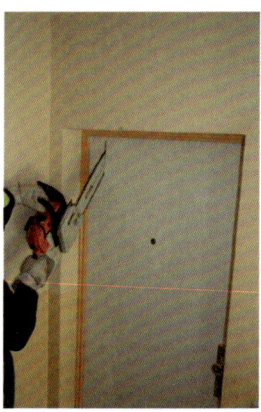

**Bild 13a:** *Die Motorkettensäge wird flach zum Türblatt aufgesetzt.*

## 6.8 Aufsägen von Türen mit der Motorkettensäge

**Bild 13b:** *Der Schnitt wird unter Vollgas nach unten geführt.*

**Bild 13c:** *Nach dem Aufsägen kann die Tür aufgedrückt werden.*

# 6 Türöffnungen bei Brandeinsätzen

## 6.9 Aufsägen von Türen mit der Rettungssäge

Analog der Verwendung der Motorkettensäge ist auch die Rettungssäge (▶ Bild 14) einsetzbar. Auch hier ist unbedingt die vorgeschriebene Schnittschutzkleidung zu tragen. Der Sägeschnitt sollte im Bereich der Türscharniere durchgeführt werden. Hierdurch lässt sich die Tür im Folgenden leichter und kontrollierter aufhebeln. Der Tiefenbegrenzer wird auf die notwendige Schnitttiefe eingestellt. Nun wird die Säge auf das Türblatt aufgesetzt.

**Bild 14:** *Rettungssäge*

Es ist darauf zu achten, dass sich im Schnitt nach Möglichkeit keine Metallteile befinden. Diese könnten zu einer Beschädigung der Kette führen. Nun wird der Schnitt vorsichtig nach unten geführt. Dies geschieht unter Vollgas der Säge. Nach Beendigung der Sägearbeiten kann die Tür mit der Hand aufgedrückt werden.

## 6.10 Aufsägen von Türen mit der Zwillingstrennsäge

Wie bereits erwähnt, kann beim Öffnen von Türen der Einsatz von Sägen notwendig sein. Mit Motorkettensägen lassen sich jedoch nur Holztüren sägen. Mit der Zwillingstrennsäge (▶ Bild 15a) hingegen können in der gleichen Vorgehensweise auch Metalltüren geöffnet werden (▶ Bilder 15b bis 15d). Bei der Zwillingstrennsäge ist darauf zu achten, dass die Sägeblätter im rechten Winkel zum Türblatt angesetzt werden, nur so ist ein rückschlagfreies Sägen möglich. Beim Sägen muss die Zwillingstrennsäge in Hubbewegungen langsam im Schnitt vor- und zurückgeführt werden, um ein Auseinanderlaufen der Sägeblätter zu vermeiden.

**Bild 15a:** *Zwillingstrennsäge (Foto: Weber-Rescue Systems)*

## 6   Türöffnungen bei Brandeinsätzen

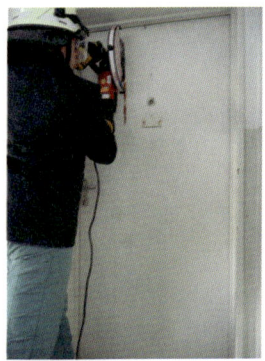

**Bild 15b:** *Die Sägeblätter müssen im rechten Winkel zum Türblatt angesetzt werden.*

**Bild 15c:** *Um ein Auseinanderlaufen der Sägeblätter zu vermeiden, muss die Säge langsam im Schnitt vor- und zurückgeführt werden.*

## 6.10 Aufsägen von Türen mit der Zwillingstrennsäge

Bild 15d: *Nach dem Aufsägen kann die Tür aufgedrückt werden.*

# 7 Türöffnungen bei Hilfeleistungseinsätzen

Bei Hilfeleistungseinsätzen mit hilflosen Personen in verschlossenen Wohnungen müssen trotz zahlreicher möglicher Situationen die Handlungsabläufe standardisiert werden, um einen schnellstmöglichen Zutritt zu gewährleisten. Bei Einsatzstichwörtern wie »Vermutlich hilflose Person in der Wohnung« ist oftmals nicht ganz klar, ob sich wirklich eine hilflose Person in der Wohnung befindet. Demzufolge werden die Einsatzmaßnahmen in diesem Fall so gewählt, dass der Zutritt trotz einer gewissen Dringlichkeit mit möglichst zerstörungsarmen Methoden durchgeführt wird. Es gilt immer der Grundsatz der Verhältnismäßigkeit.

Bei Einsätzen, bei denen klar ersichtlich ist, dass die Dringlichkeit hoch angesetzt werden muss, ist eine zerstörerische Methode – wenn sie einen klaren Zeitvorteil erbringt – einer zerstörungsarmen Öffnungstechnik vorzuziehen. Beim Betreten der Wohnung ist darauf zu achten, dass sich die Einsatzkräfte nicht alleine in die Räumlichkeiten begeben, sondern immer truppweise vorgehen. Es gibt zahlreiche Umstände, die dafür sprechen, truppweise vorzugehen. Beispielsweise ist eine Gefährdung durch Wohnungsinhaber möglich, wenn diese nicht so reagieren, wie es die Einsatzkräfte erwarten (z. B. nach Alkohol- oder Drogenkonsum, Misshandlung von Familienangehörigen etc.). Zum anderen besteht auch die Möglichkeit, dass den Rettungskräften kriminelle Handlungen unterstellt werden (z. B. Diebstahl, sexuelle Belästigung etc.).

# 8 Türöffnungen bei Amtshilfe

Es gibt Einsätze, bei denen die Feuerwehr im Rahmen der Amtshilfe von der Polizei zum Öffnen von Türen gerufen wird. In den meisten Bundesländern dürfen Einsatzkräfte der Feuerwehr nicht bei Einsätzen zur Abwehr von Straftaten eingesetzt werden. Außerdem muss bei Amtshilfen für die Polizei eine Gefährdung der Feuerwehreinsatzkräfte unbedingt ausgeschlossen sein. Ist nach der Lageeinweisung durch die Einsatzkräfte der Polizei erkennbar, dass mit einer Gefährdung der Feuerwehreinsatzkräfte gerechnet werden muss, so haben die Einsatzkräfte der Feuerwehr die Amtshilfe auf das Bereitstellen von Brechwerkzeug oder anderen Gerätschaften zu begrenzen. Selbstverständlich sollte dann eine Einweisung in die Bedienung des Werkzeugs erfolgen.

### § 5 Verwaltungsverfahrensgesetz (VwVfG) – Voraussetzungen und Grenzen der Amtshilfe

1. Eine Behörde kann um Amtshilfe insbesondere dann ersuchen, wenn sie
    a) aus rechtlichen Gründen die Amtshandlung nicht selbst vornehmen kann;
    b) aus tatsächlichen Gründen, besonders weil die zur Vornahme der Amtshandlung erforderlichen Dienstkräfte oder Einrichtungen fehlen, die Amtshandlung nicht selbst vornehmen kann;

- c) zur Durchführung ihrer Aufgaben auf die Kenntnis von Tatsachen angewiesen ist, die ihr unbekannt sind und die sie selbst nicht ermitteln kann;
- d) zur Durchführung ihrer Aufgaben Urkunden oder sonstige Beweismittel benötigt, die sich im Besitz der ersuchten Behörde befinden;
- e) die Amtshandlung nur mit wesentlich größerem Aufwand vornehmen könnte als die ersuchte Behörde.

2. Die ersuchte Behörde darf Hilfe nicht leisten, wenn
   - a) sie hierzu aus rechtlichen Gründen nicht in der Lage ist;
   - b) durch die Hilfeleistung dem Wohl des Bundes oder eines Landes erhebliche Nachteile bereitet würden.

3. Die ersuchte Behörde braucht Hilfe nicht zu leisten, wenn
   - a) eine andere Behörde die Hilfe wesentlich einfacher oder mit wesentlich geringerem Aufwand leisten kann;
   - b) sie die Hilfe nur mit unverhältnismäßig großem Aufwand leisten könnte;
   - c) sie unter Berücksichtigung der Aufgaben der ersuchenden Behörde durch die Hilfeleistung die Erfüllung ihrer eigenen Aufgaben ernstlich gefährden würde.

4. Die ersuchte Behörde darf die Hilfe nicht deshalb verweigern, weil sie das Ersuchen aus anderen als den in Absatz 3 genannten Gründen oder weil sie die mit der Amtshilfe zu verwirklichende Maßnahme für unzweckmäßig hält.
5. Hält die ersuchte Behörde sich zur Hilfe nicht für verpflichtet, so teilt sie der ersuchenden Behörde ihre Auffassung mit. Besteht diese auf die Amtshilfe, so entscheidet über die Verpflichtung zur Amtshilfe die gemeinsame fachlich zuständige Aufsichtsbehörde oder, sofern eine solche nicht besteht, die für die ersuchte Behörde fachlich zuständige Aufsichtsbehörde.

### § 7 VwVfG – Durchführung der Amtshilfe

1. Die Zulässigkeit der Maßnahme, die durch die Amtshilfe verwirklicht werden soll, richtet sich nach dem für die ersuchende Behörde, die Durchführung der Amtshilfe nach dem für die ersuchte Behörde geltenden Recht.
2. Die ersuchende Behörde trägt gegenüber der ersuchten Behörde die Verantwortung für die Rechtmäßigkeit der zu treffenden Maßnahme.

Die ersuchte Behörde ist **für die Durchführung** der Amtshilfe verantwortlich.

# 9 Wiederverschließen geöffneter Türen/Fenster

Das Wiederverschließen ist in der Regel die Aufgabe der Polizei oder Ortspolizeibehörden. In vielen Fällen wird dies unbürokratisch oder als Amtshilfe von der Feuerwehr erledigt. Um das Eigentum der Betroffenen zu schützen, ist es erforderlich, Türen und Fenster nach dem Öffnen so herzurichten, dass diese wieder verschlossen werden können, um einen Zutritt für Unbefugte zu verhindern. Dies kann durch das einfache Zuziehen der Tür bis hin zum Einsetzen von Ersatzschließzylindern oder so genannten Schlüsseleinsätzen (▶ Bild 16) erreicht werden. Die Schlüssel für etwaige Ersatzzylinder oder Schlüsseleinsätze können den Betroffenen selbst oder, wenn diese ins Krankenhaus gebracht wurden, der Polizei übergeben werden. Sind die Betroffenen nicht vor Ort, kann ihnen mit einem Hinweiszettel eine Nachricht hinterlassen werden, wo sie den Schlüssel abholen können.

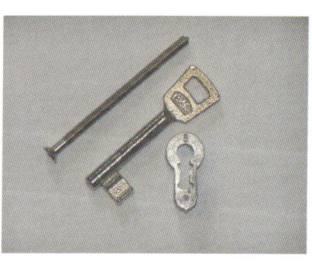

**Bild 16:** *Schlüsseleinsatz zum Wiederverschließen geöffneter Türen*

# 10 Zweck von Schlössern

Das Türschloss einer Wohnungstür erfüllt im Wesentlichen zwei Aufgaben:

1. **Festhalten der Tür**
   Hierfür ist die so genannte Falle zuständig, die durch die Türklinke bewegt wird. Sie lässt sich mit der Türklinke durch jedermann öffnen sowie schließen und bietet somit keinerlei Sicherheit. Das Schließen erfolgt durch einfaches Zuziehen der Tür, da die Falle federbelastet ist und durch ihre keilförmige Form in das Schließblech im Türrahmen einrastet.

2. **Verriegeln der Tür**
   Dies ist die Aufgabe des Riegels. Er kann nur mit dem Schlüssel bewegt werden, bietet also Schutz vor unberechtigtem Zugang. Der Riegel wird durch federbelastete Sperren oder Zuhaltungen festgehalten, damit er sich nicht durch Erschütterungen ungewollt öffnet.

# 11 Schlossarten

Um den unterschiedlichen Anforderungen an Schließungen, den örtlichen Gegebenheiten sowie dem Sicherheitsanspruch gerecht zu werden, gibt es eine Vielzahl von Möglichkeiten, Türen zu sichern. Die verschiedenen Schlossarten unterscheiden sich zunächst einmal durch ihre Form und Größe sowie durch ihre An- oder Einbautechnik. Die gängigsten Schlossarten sind Vorhängeschlösser, Kastenschlösser und Einschubschlösser.

Aufgrund der einfachen Öffnungsmöglichkeiten bei Vorhängeschlössern (z. B. Bolzenschneider, Trennschleifer) wird auf diese Schlossart nicht weiter eingegangen. Das gleiche gilt für Kastenschlösser, die man heutzutage nur noch sehr selten antrifft. In den wenigen Ausnahmefällen (z. B. Mansarden-, Speicher-, Keller- oder Toilettentüren) wird empfohlen, diese Schlösser gewaltsam zu öffnen.

Die wohl am häufigsten verwendeten Schlösser sind die so genannten Einschubschlösser. Diese werden in einen, in die Schmalseite der Tür gestemmten Schlitz eingesteckt und an der Stulpseite mit der Tür verschraubt.

## 11.1 Arten von Einschubschlössern

Bei den Einschubschlössern unterscheidet man die Art und Weise, wie die Sicherung gegen unbefugten Zugriff ausgeführt ist. Es gibt zum einen eine einfache Ausführung, das so genannte Bundbartschloss (▶ Bild 17a). Dieses Schloss

## 11.1 Arten von Einschubschlössern

stellt die Grundform der meisten Einschubschlösser dar. Aufbauend auf das Bundbartschloss ist das so genannte Zuhaltungsschloss bekannt, welches auch als Schubschloss bezeichnet wird.

Die oben genannten Einschubschlösser werden aufgrund der Schlüsselform und -größe, aber auch wegen des gestiegenen Sicherheitsanspruchs für Haus- und Wohnungstüren überwiegend im Wohninnenraum verwendet.

Um den heutigen Sicherheitsanspruch an Schließungen zu erfüllen, werden die Einschubschlösser mit Schließzylindern versehen. Diese Schließzylinder unterscheiden sich in ihrer Form und Einbauart. Man unterscheidet Profil- (▶ Bild 17b), Rund- (▶ Bild 17c) und Ovalzylinder (▶ Bild 17d) sowie verschiedene Arten von Einbausicherungen.

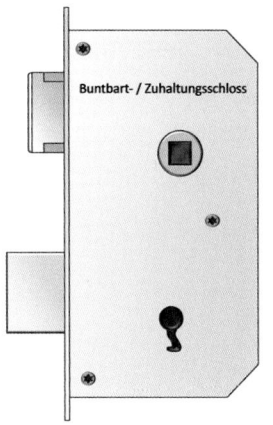

Bild 17a: *Bundbart-/Zuhaltungsschlosskasten*

**11** Schlossarten

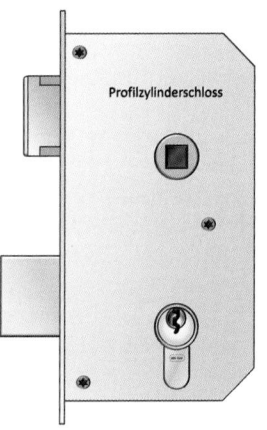

Bild 17b: *Profilzylinderschlosskasten*

Bild 17c: *Rundzylinderschlosskasten*

## 11.1 Arten von Einschubschlössern

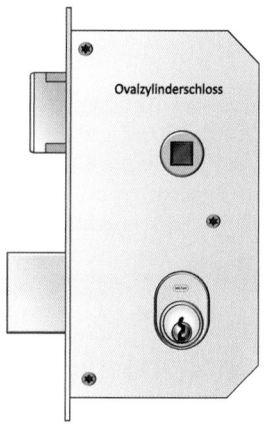

Bild 17d: **Ovalzylinderschlosskasten**

# 12 Das Bundbartschloss

Wie schon erwähnt, ist das Buntbartschloss das einfachste Einschubschloss und stellt auch die Grundlage für die meisten Einschubschlösser dar. Um zu verstehen, was bei einem Schließ- beziehungsweise Öffnungsvorgang geschieht, ist es wichtig zu wissen, wie solch ein Einschubschloss aufgebaut ist. Was die Bauteile in einem Schloss bewirken und wo sie sich befinden, wird im Folgenden anhand von Grafiken dargestellt.

## 12.1 Aufbau des Bundbartschlosses

Die Hauptbestandteile eines Bundbartschlosses sind (▶ Bild 18):
    1. der Stulp,
    2. das Gehäuse (Schlossboden),
    3. die Falle (federbelastet),
    4. die Nuss,
    5. der Wechsel,
    6. die Sperre (federbelastet),
    7. der Riegel.

## 12.2 Aufgaben der Bauteile des Bundbartschlosses

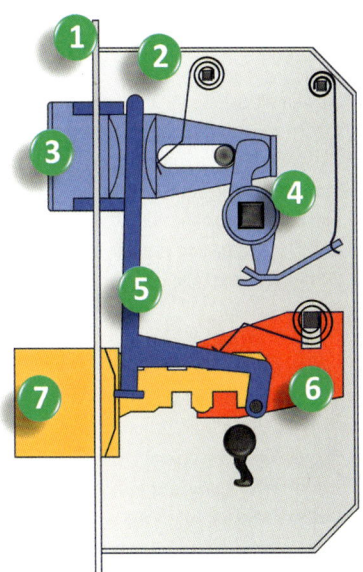

**Bild 18:** *Aufbau des Bundbartschlosskastens*

## 12.2 Aufgaben der Bauteile des Bundbartschlosses

Die einzelnen Bauteile des Bundbartschlosses übernehmen folgende Aufgaben:

## 12  Das Bundbartschloss

1. Der Stulp hat die Aufgabe, den Schlosskasten auf der Schmalseite der Tür mittels Schrauben zu fixieren.
2. Das Gehäuse, auch Schlossboden genannt, nimmt die Bauteile im Inneren auf.
3. Die Falle ist federbelastet und schnappt aufgrund ihrer Keilform beim Zuziehen der Tür in das Schließblech im Türrahmen ein.
4. Die Nuss betätigt mittels der Türdrückergarnitur (Türklinke) die Falle.
5. Der Wechsel stellt die Verbindung zwischen dem Riegel und der Falle her. Bei Türen ohne Türdrücker (also mit einem Türknauf) lässt sich die Falle mit dem Schlüssel zurückziehen. Der Wechsel dient hierbei als Hebel und wird durch den Schließbart betätigt. Der Schließbart erreicht den Wechsel jedoch nur, wenn der Riegel ganz aufgeschlossen ist.
6. Die Sperre dient als Sicherung für den Riegel, damit kein ungewolltes Schließen oder Öffnen durch Erschütterungen geschieht. Die Sperre ist federbelastet und hält den Riegel in seiner jeweiligen Stellung fest.
7. Der Riegel sichert die Tür gegen unbefugten Zutritt und lässt sich nur mit dem passenden Schlüssel betätigen.

## 12.3 Funktionsweise des Bundbartschlosses

Die Funktionsweise des Bundbartschlosses wird schematisch in den ▶ Bildern 19a bis 19c dargestellt.

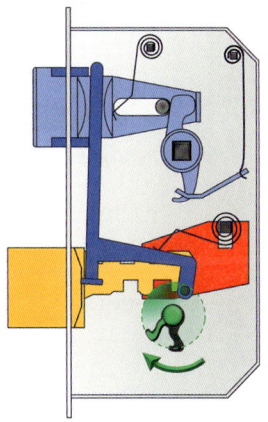

**Bild 19a:** *Bundbartschlosskasten, Riegel geöffnet*

**12** Das Bundbartschloss

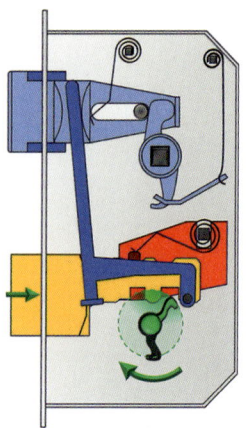

Bild 19b: *Öffnen des Riegels mit dem Schlüssel*

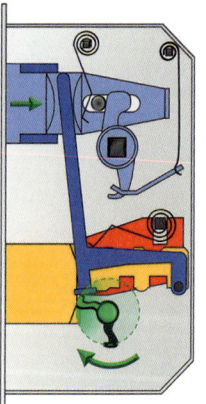

Bild 19c: *Öffnen der Falle mit dem Schlüssel*

## 12.4 Funktion des Dietrichs bei Bundbartschlössern

Bei Bundbartschlössern erfolgt die Sicherung gegen unberechtigten Zugriff ausschließlich durch das Profil des Schlüssellochs und des Schlüssels. Nur der Schlüssel mit dem passenden Profil kann in das Schlüsselloch eingeführt werden (▶ Bild 20). Da man dieses Hemmnis leicht mit einem Dietrich überwinden kann, eignen sich Bundbartschlösser nicht zum Sichern von Haus- oder Wohnungstüren. Bundbartschlösser werden fast ausschließlich in Wohnraumtüren wie Badezimmer-, Schlafzimmer- oder Kinderzimmertüren verbaut.

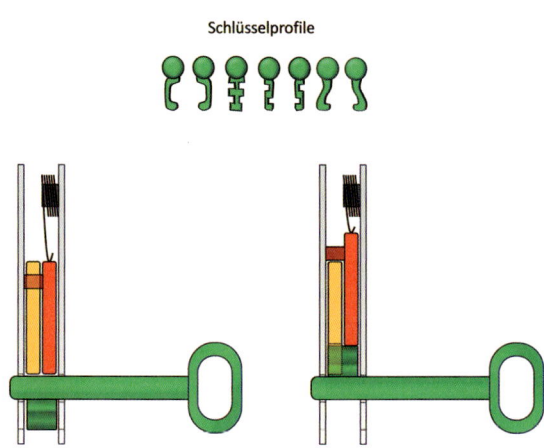

**Bild 20:** *Sicherung durch unterschiedliche Schließbartprofile*

## 12 Das Bundbartschloss

Muss eine Zimmertür geöffnet werden, so ist bei der Wahl des Dietrichs darauf zu achten, dass der Sperrhaken die volle Breite des Schlosskastens ausfüllt. Nur so ist gewährleistet, dass Riegel und Sperre auf einmal bewegt werden. Durch seine schmale Form passt er durch das Schlüssellochprofil. Der Dietrich wird richtigerweise mit dem Schließbart nach oben eingeführt. Somit ist gewährleistet, dass der Schließbart direkt, ohne zu verkanten, die Sperre und den Riegel erreicht. Das Einführen wird erleichtert, indem man den Sperrhaken schräg einführt und erst dann in die Waagrechte bringt. Danach drückt man den Dietrich mit zwei Fingern nach oben. Man spürt dabei nun schon die federnde Sperre und muss den Dietrich nur noch leicht in die öffnende Richtung drehen. In gleicher Weise kann man den Dietrich durch Nachhaken wieder in die Ausgangsposition zurückführen und die Öffnungsbewegung wiederholen (▶ Bilder 21a und 21b).

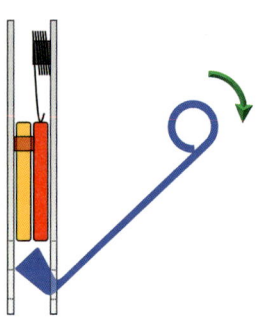

**Bild 21a:** *Einführen des Dietrichs in das Schlüsselloch*

## 12.4 Funktion des Dietrichs bei Bundbartschlössern

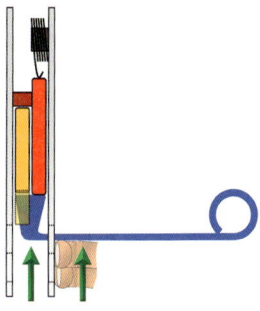

**Bild 21b:** *Handhabung des Dietrichs*

Auf den ▶ Bildern 22a und 22b kann man den Arbeitsradius des Schließbartes erkennen. ▶ Bild 22b zeigt, wie der Schließbart die Sperre/Zuhaltung anhebt und dabei gleichzeitig den Riegel verschiebt. Der Riegel lässt sich jedoch nur verschieben, wenn die Sperre/Zuhaltung vollständig aus dem Riegel angehoben wird. Das bedeutet, dass der Schließbart die richtige Länge haben muss. Ist der Schließbart zu kurz, wird die Sperre/Zuhaltung nicht hoch genug angehoben und kann somit den Riegel nicht freigeben. Ist der Schließbart zu lang, kann er den Riegel nicht komplett drehen, da er sich in der Aussparung des Riegels verkantet.

# 12 Das Bundbartschloss

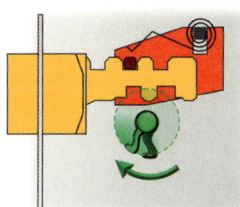

**Bild 22a:** *Schließvorgang des Riegels im Detail*

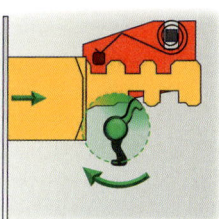

**Bild 22b:** *Wirkbereich des Schließbartes beim Schließvorgang*

## 12.5 Öffnen einer Zimmertür mittels Dietrich

Es kommt immer wieder vor, dass sich Kleinkinder im Zimmer versehentlich einschließen und nicht mehr selbst aufschließen können. Dies rechtfertigt den Einsatz der Feuerwehr, um eine etwaige Gefährdung des Kindes abzuwenden. Um den Dietrich einsetzen zu können, muss zuerst der noch im Schloss steckende Schlüssel entfernt werden. Hierzu eignet sich ein

## 12.5 Öffnen einer Zimmertür mittels Dietrich

Bleistift mit einer Radiergummihülse. Den Radiergummi aus der Hülse entfernen. Nun die Metallhülse mit zwei Fingern etwas zusammendrücken. Die Metallhülse sollte jetzt etwas oval sein. Dies gibt dem Schlüssel einen besseren Halt. Der Bleistift wird mit der Hülse voran in das Schlüsselloch gesteckt und über den im Schloss befindlichen Schlüssel gestülpt (▶ Bild 23). Der Schlüssel kann nun so in Position gedreht werden, dass man den Schließbart des Schlüssels im unteren Bereich des Schlüsselloches sehen kann. Jetzt kann der Stift herausgezogen und der Schlüssel nach innen durchgestochen werden. Anschließend wird mit dem Dietrich das Schloss aufgeschlossen.

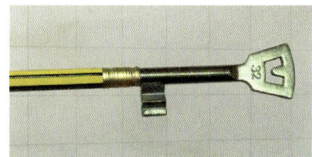

Bild 23: *Mit einem Bleistift kann der im Schloss steckende Schlüssel entfernt werden.*

# 13 Öffnen der Falle

Beim Türöffnen unterscheidet man zwischen verschlossenen und nicht verschlossenen Türen. Bei nicht verschlossenen Türen kann die Tür durch das Zurückdrücken der Falle ohne Beschädigung geöffnet werden. Dies ist zugleich die einfachste und zerstörungsfreieste Art eine Tür zu öffnen. Da der Aufbau eines Einschubschlosses bereits behandelt wurde und die Teile und deren Funktion bekannt sind, soll im Folgenden kurz erläutert werden, wie die Falle manipuliert werden kann. Hierzu benutzt man zum Beispiel Fallenheber (▶ Bild 24), Türöffnungskarten (▶ Bild 25), Türöffnungsdrähte, Spiralen (▶ Bild 26) oder Paniktüröffner (▶ Bild 27).

Bild 24: *Türfallenheber*
*(Foto: A. Wendt GmbH)*

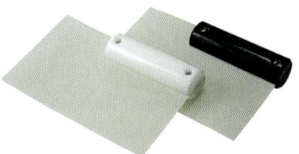

Bild 25: *Türfallenöffnungskarten*
*(Foto: A. Wendt GmbH)*

## 13.1 Öffnen der Türfalle mit dem Fallenblech

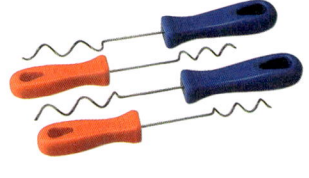

**Bild 26:** *Spiraltürfallenöffner (Foto: A. Wendt GmbH)*

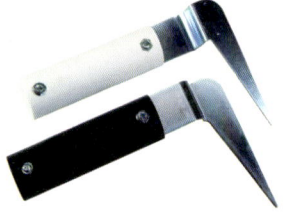

**Bild 27:** *Paniktüröffner (Foto: A. Wendt GmbH)*

## 13.1 Öffnen der Türfalle mit dem Fallenblech

Beim Vorhandensein eines Türgummis ist es von Vorteil, dieses zu entfernen, bevor der Fallenheber in den Türfalz eingebracht wird. Dadurch gleitet er besser durch den Türfalz. Das Fallenblech sollte nach Möglichkeit von unten in die Tür eingesetzt werden. Zum einen kann man mit dem Fuß die Tür besser nach innen drücken und zum anderen kann sich das Fallenblech bei einer verschlossenen Tür nicht zwischen dem Riegel und der Falle verklemmen. Unterstützend kann durch waagerechte Kippbewegungen des Fallenblechs die Falle besser zurückgedrückt werden (▶ Bild 28).

## 13 Öffnen der Falle

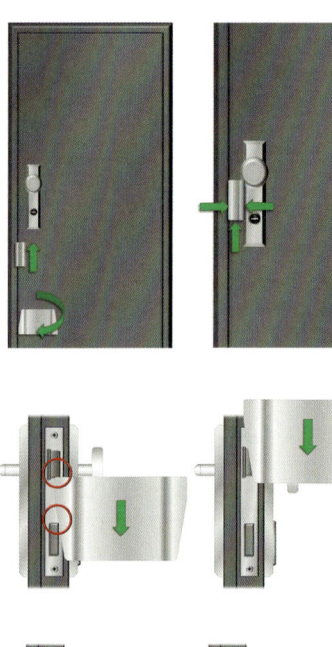

Bild 28: *Vorgehensweise bei der Verwendung des Fallenblechs*

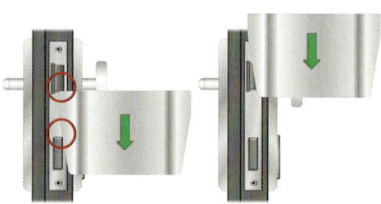

Bild 29: *Falscher Einsatz des Fallenblechs*

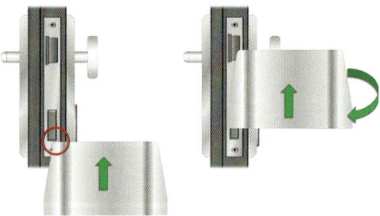

Bild 30: *Richtiger Einsatz des Fallenblechs*

## 13.2 Öffnen der Türfalle mit dem Fallendraht

Beim Öffnen der Türfalle mit dem Fallendraht wird der Draht oberhalb des Türgriffes senkrecht in den Türspalt eingeführt und annähernd in die Waagerechte gedreht. Der Draht wird zwischen Daumen und Zeigefinger festgehalten und im Türspalt nach unten geführt, bis man einen Widerstand (die Falle) spürt. Jetzt wird der Draht etwa 45 Grad nach unten geneigt und leicht nach unten (zirka fünf Millimeter) gezogen, um ihn dann wieder nach oben zu drehen. Durch diese Drehbewegung gleitet die Drahtspitze auf der schiefen Ebene der Falle und drückt diese zurück in den Schlosskasten. Durch leichte waagrechte, seitliche Bewegungen begünstigt man das Zurückdrücken der Falle (▶ Bilder 31a bis 31c).

**Bild 31a:** *Beispiel eines Fallendrahtes*

## 13  Öffnen der Falle

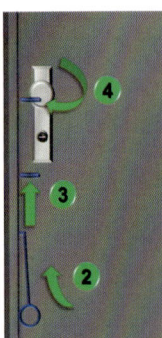

Bild 31b: *Einbringen des Fallendrahtes*

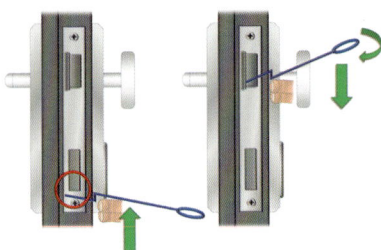

Bild 31c: *Öffnen der Türfalle mit dem Fallendraht*

## 13.3 Paniköffner

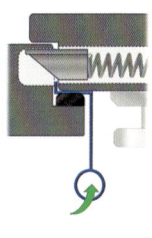 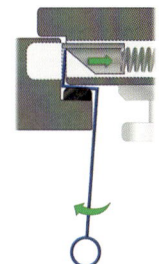

**Bild 31d:** *Öffnen der Türfalle mit dem Fallendraht – Draufsicht*

## 13.3 Paniköffner

Bei Türen, welche einem entgegen aufschlagen, wird zum Manipulieren der Falle ein Paniköffner eingesetzt. Der Paniköffner funktioniert ähnlich wie das Fallenblech, nur dass es von der anderen Türseite eingesetzt wird. Um den Paniköffner in den Türspalt einbringen zu können, muss die Tür mit einem Hebelwerkzeug ein wenig aufgehebelt werden.

## 13 Öffnen der Falle

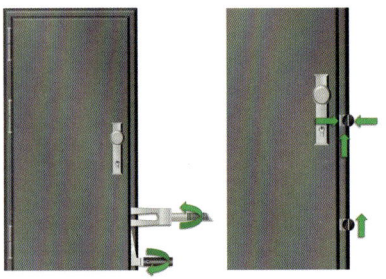

Bild 32a: *Einbringen des Paniköffners*

Bild 32b: *Detailansicht – Funktion des Paniköffners*

# 14 Zuhaltungsschloss

Das Zuhaltungsschloss ist eine Weiterentwicklung des Bundbartschlosses. Um die Sicherheit gegen Einbruch zu erhöhen, sind in diesem Schloss zusätzliche Zuhaltungen eingebaut. Dies bedeutet, dass statt nur einer Sperre/Zuhaltung mehrere Zuhaltungen hintereinander angeordnet sind. Die Zuhaltungen haben in der Mitte ein Langloch und rechtwinklig davon Aussparungen. Im Langloch ist der Dorn des Riegels geführt. Jede Zuhaltung ist unterschiedlich tief ausgefräst. Um alle Zuhaltungen gleichzeitig in eine Höhe zu bekommen, sodass der Dorn des Riegels ungehindert vor- oder zurückwandern kann, muss der Schließbart des Schlüssels die dazu passenden Ausfräsungen besitzen (▶ Bilder 34a bis 34c). Als zusätzliche Sicherung besitzt das Schlüsselloch wie beim Bundbartschloss verschiedene Profile. Je mehr Zuhaltungen verbaut sind, umso sicherer ist das Schloss gegen Manipulation.

## 14.1 Aufbau des Zuhaltungsschlosses

Die Hauptbestandteile eines Zuhaltungsschlosses sind (▶ Bild 33):
1. der Stulp,
2. das Gehäuse (Schlossboden),
3. die Falle (federbelastet),
4. die Nuss,
5. der Wechsel,

# Zuhaltungsschloss

6. die Zuhaltungen (federbelastet),
7. der Riegel.

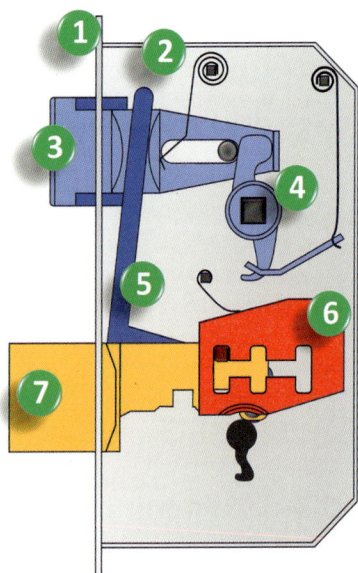

Bild 33: *Aufbau des Zuhaltungsschlosses und Darstellung der Sicherung durch unterschiedliche Schließbärte*

## 14.2 Aufgaben der Bauteile des Zuhaltungsschlosses

Die einzelnen Bauteile des Zuhaltungsschlosses übernehmen folgende Aufgaben:

1. Der Stulp hat die Aufgabe, den Schlosskasten auf der Schmalseite der Tür mittels Schrauben zu fixieren.
2. Das Gehäuse, auch Schlossboden genannt, nimmt die Bauteile im Inneren auf.
3. Die Falle ist federbelastet und schnappt aufgrund ihrer Keilform beim Zuziehen der Tür in das Schließblech.
4. Die Nuss betätigt mittels der Türdrückergarnitur die Falle.
5. Der Wechsel stellt die Verbindung zwischen dem Riegel und der Falle her. Bei Türen ohne Türdrücker (also mit einem Türknauf) lässt sich die Falle mit dem Schlüssel zurückziehen. Der Wechsel dient hierbei als Hebel und wird durch den Schließbart betätigt. Der Schließbart erreicht den Wechsel jedoch nur, wenn der Riegel ganz aufgeschlossen ist.
6. Die Zuhaltungen dienen als Sicherung für den Riegel, damit kein ungewolltes Schließen oder Öffnen durch Erschütterungen geschieht. Die Zuhaltungen sind federbelastet und halten den Riegel in seiner jeweiligen Stellung fest.

**14** Zuhaltungsschloss

7. Der Riegel sichert die Tür gegen unbefugten Zutritt und lässt sich nur mit dem passenden Schlüssel betätigen.

## 14.3 Funktion des Zuhaltungsschlosses

Beim Zuhaltungsschloss müssen mit dem Schließbart nun statt der einen Sperre, mehrere Zuhaltungen auf eine einheitliche Höhe angehoben werden, um den Riegel freizugeben. Dies gelingt durch die Zackenbartform des Schließbartes (▶ Bild 34a bis 34d).

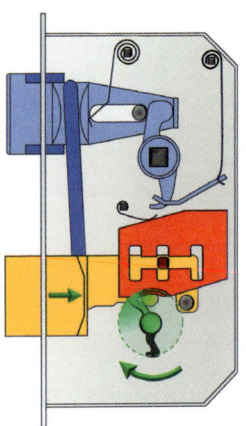

**Bild 34a:** *Funktion des Zuhaltungsschlosses im Detail und Darstellung des Wirkbereichs des Schließbartes*

## 14.3 Funktion des Zuhaltungsschlosses

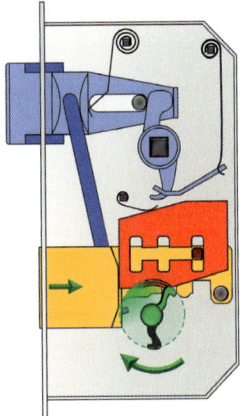

Bild 34b: *Funktion des Zuhaltungsschlosses im Detail und Darstellung des Wirkbereichs des Schließbartes*

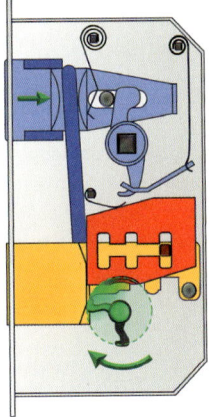

Bilder 34c: *Detailansicht Zuhaltungsschloss*

# 14  Zuhaltungsschloss

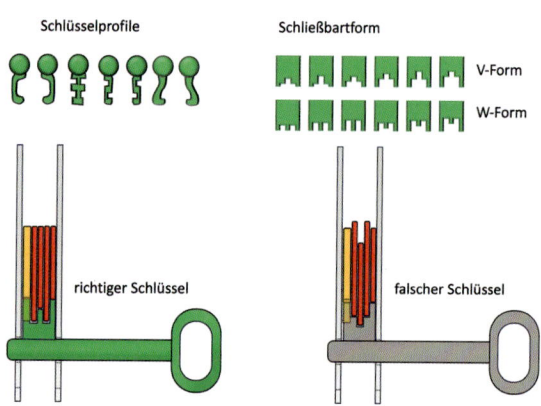

Bild 34d: *Funktion mit richtigem und falschem Schlüssel*

## 14.4 Funktion des Dietrichs beim Zuhaltungsschloss

Es gibt in der Regel zwei Varianten von Schließbartformen beim Zuhaltungsschloss. Einmal die »W«- und einmal die »V«-Formen. Da Türen von innen wie auch von außen geschlossen werden können, müssen die Schließbärte symmetrisch ausgeführt sein.

## 14.4 Funktion des Dietrichs beim Zuhaltungsschloss

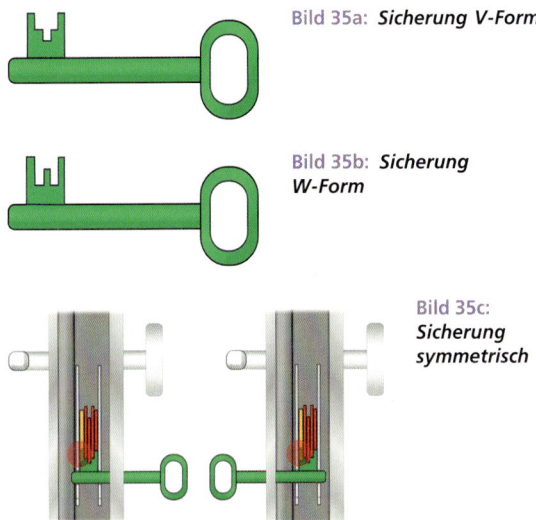

Bild 35a: *Sicherung V-Form*

Bild 35b: *Sicherung W-Form*

Bild 35c: *Sicherung symmetrisch*

Bei beiden Bartformen sind jeweils die äußeren Schließzacken vollständig ausgeprägt. Mit ihnen wird der Riegel betätigt, wenn von innen oder von außen geschlossen wird. Die 2. und die 4. Ebene des Schließbartes sind aufgrund der Symmetrie gleich. Um nun ein Zuhaltungsschloss mit dem Sperrsatz Typ K zu öffnen, benötigt man zwei Sperrhaken des Typs K. Jeweils einen mit »W«- und einen mit »V«-Form. Man nimmt hierzu jeweils die mit im Mittelfeld ausgeprägten Vertiefungen. Der Sperrhaken wird richtigerweise mit dem Schließbart nach oben eingeführt. Somit ist gewährleistet, dass der Schließbart direkt, ohne zu verkanten, die Zuhaltungen und den Riegel erreicht.

Dann drückt man den Sperrhaken mit zwei Fingern nach oben. Dabei spürt man schon die federnden Zuhaltungen und muss den Sperrhaken nur noch mit leichtem Druck und leichten Neigungsbewegungen in die öffnende Richtung drehen. Dieser Vorgang muss gegebenenfalls wiederholt werden. In gleicher Weise kann man nun den Sperrhaken durch Nachhaken wieder in die Ausgangsposition zurückführen und die Öffnungsbewegung wiederholen. Durch die schmale Bauform passen die Sperrhaken gut durch das Schlüssellochprofil. Zusätzlich erleichtert es das Einführen, wenn man den Sperrhaken zunächst schräg einführt und erst dann in die Waagrechte bringt.

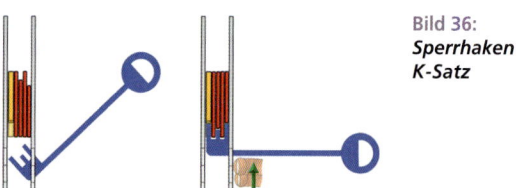

**Bild 36:**
*Sperrhaken K-Satz*

▶ Bild 37a und ▶ Bild 37b zeigen den Arbeitsradius des Schließbartes. In der unteren Grafik erkennt man wie der Schließbart die Zuhaltungen anhebt und dabei gleichzeitig den Riegel verschiebt. Der Riegel lässt sich jedoch nur verschieben, wenn die Zuhaltungen alle vollständig auf eine Ebene gebracht werden. Das bedeutet, dass die Schließbartzacken die richtige Länge haben müssen. Ist eine der Schließbartzacken zu kurz, wird die Zuhaltung nicht hoch genug angehoben und kann den Riegel nicht freigeben. Ist eine der

## 14.5 Alternative Manipulation von Zuhaltungsschlössern

Schließbartzacken zu lang, wird diese Zuhaltung zu hoch angehoben und kann den Riegel auch nicht freigeben.

**Bild 37a:** *Detailansicht Zuhaltungsschloss*

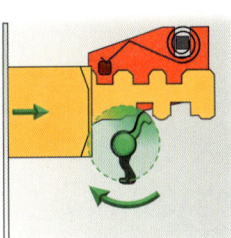

**Bild 37b:** *Zuhaltungen werden angehoben und der Riegel verschoben*

## 14.5 Alternative Manipulation von Zuhaltungsschlössern

Bei fast allen Zuhaltungsschlössern sind die Türschilder von außen geschraubt. Dadurch ist es möglich, das Türschild abzuschrauben. Nach dem Abschrauben des Türschildes er-

## 14  Zuhaltungsschloss

kennt man aufgrund des Farbunterschiedes, welche Fläche wieder abgedeckt wird. Innerhalb dieser Fläche schafft man mit einem Messer und einem Hammer zwei senkrechte Sollbruchstellen, indem man mit dem Hammer auf den Messerrücken schlägt und damit das Holz einkerbt. Nun kann man mit einem Schraubendreher das Holz herausbrechen.

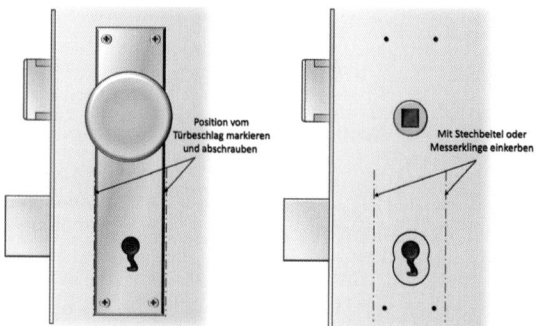

Bild 38a: *Türschild abschrauben*     Bild 38b: *Holz einkerben*

## 14.5 Alternative Manipulation von Zuhaltungsschlössern

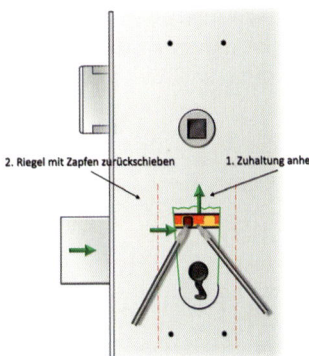

**Bild 38c:** *Manipulation der Zuhaltungen durch das Fenster im Schlosskasten mittels zweier Vorstecher oder schmalem Schraubendreher*

Durch die geschaffenen Sollbruchstellen bricht das Holz innerhalb des Bereiches heraus, welcher später wieder durch das Türschild abgedeckt wird. Nach dem Herausbrechen kommt ein rechteckiges Fenster im Schlosskasten zum Vorschein. Dieses Fenster ist konstruktionsbedingt immer außen anzutreffen, sofern die Tür richtig angeschlagen ist (die Tür geht nach innen auf). Innerhalb des Fensters kann man nun die Zuhaltungen und den Vierkant des Riegels erkennen. Mit einem Vorstecher lassen sich die Zuhaltungen anheben, und mit einem anderen Vorstecher kann man nun den Riegel verschieben (▶ Bilder 38a bis 38c). Wichtig ist dabei, dass alle Zuhaltungen gleichzeitig und gleichmäßig angehoben werden.

Nachdem der Riegel komplett geöffnet wurde, muss noch die Falle mit dem Fallenheber zurückgedrückt werden. Nach dem Einsatz wird die Tür zugezogen und kann eventuell auch wieder auf die gleiche Weise abgeschlossen werden. Anschlie-

## 14 Zuhaltungsschloss

ßend wird das Türschild wieder verschraubt. Dieses deckt den manipulierten Bereich vollständig ab, damit nach dem Einsatz keine Spuren mehr sichtbar sind. Es ist praktisch kein Schaden entstanden.

# 15 Einsteckschlösser

Befindet sich im Inneren des Schlüssellochs eines Bundbart- oder Zuhaltungsschlosses ein Einsteckschloss (▶ Bild 39a), so ist wie bereits beschrieben zu verfahren. Jedoch muss bei einem Bundbartschloss zusätzlich an der Stelle, an der sich beim Zuhaltungsschloss das Fenster befindet, ein zirka zehn Millimeter großes Loch gebohrt werden, um die Sperre und den Riegel betätigen zu können. Die Höhe der Bohrung ergibt sich aus der Länge des Schließbarts, die fast immer etwa 10 bis 15 Millimeter beträgt. In den Detailgrafiken des Bundbartschlosses (▶ Bilder 22a und 22b) ist der Wirkkreis des Schließbartes zu erkennen, wobei die obere Hälfte des Wirkkreises der für die Manipulation wichtige Bereich ist. An dieser Stelle befinden sich die Bauteile, die bewegt werden sollen.

**Bild 39a:** *Ansicht Einsteckschloss*

## 15 Einsteckschlösser

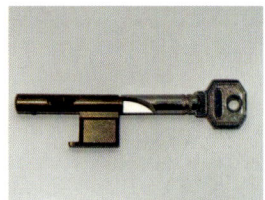

Bild 39b: *Einsteckschloss*

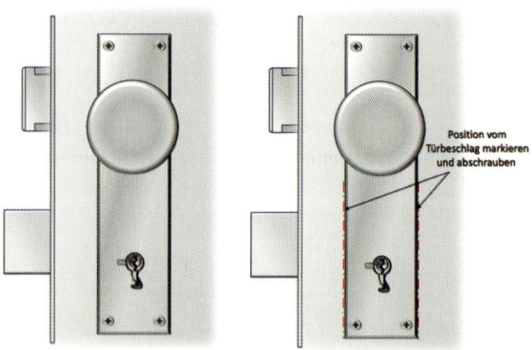

Bild 39c: *Manipulation Einsteckschloss – Schritt 1*

Bild 39d: *Manipulation Einsteckschloss – Schritt 2*

## 15  Einsteckschlösser

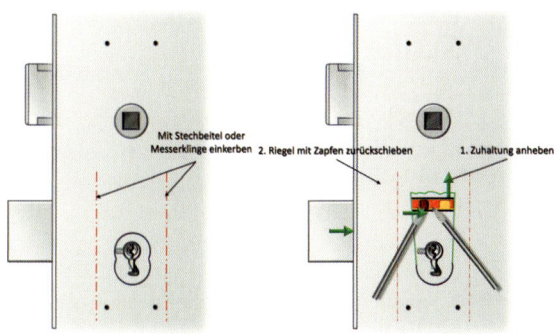

Bild 39e: *Manipulation Einsteckschloss – Schritt 3*

Bild 39f: *Manipulation Einsteckschloss – Schritt 4*

# 16 Einschubschlösser mit Schließzylinder

Die häufigsten Arten der Einschubschlösser sind Profilzylinder-, Rundzylinder- und – eher selten anzutreffen – Ovalzylinderschlösser (▶ Bilder 40a bis 40c). Wobei anzumerken ist, dass die Ovalzylinder in ihrer Funktion und ihrem Aufbau den Rundzylindern gleichen. Im Folgenden wird zunächst die gängigste Art der Einschubschlösser, das Profilzylinderschloss, behandelt.

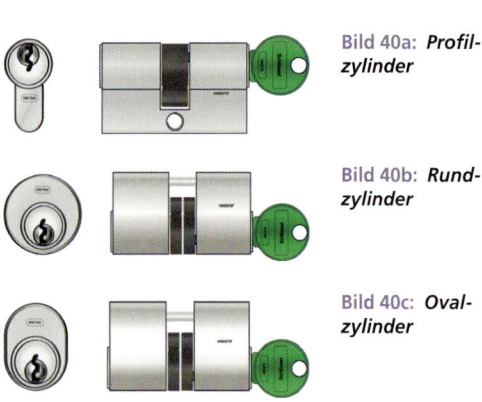

Bild 40a: *Profilzylinder*

Bild 40b: *Rundzylinder*

Bild 40c: *Ovalzylinder*

## 16.1 Aufbau des Profilzylinderschlosskastens

Der Aufbau des Profilzylinderschlosskastens ist dem des Bundbartschlosskastens sehr ähnlich. Der Unterschied liegt in der Öffnung des Schlüssellochs. Anstatt eines Schlüssellochs befindet sich beim Profilzylinderschlosskasten die Aussparung für den Profilzylinder (▶ Bilder 41 und 42). Anstelle des Schließbartes des Bundbartschlüssels betätigt der Schließrotor des Profilzylinders die Sperre und den Riegel beim Schließen und Öffnen des Schlosses. Der Schließzylinder wird von außen in die Aussparung im Schlosskasten eingeführt und mittels einer Schraube stulpseitig im Schlosskasten verschraubt. Das Einführen des Profilzylinders kann nur mithilfe des passenden Schlüssels geschehen, da der Schließrotor bündig gedreht werden muss.

Die Hauptbestandteile sind:
1. der Stulp,
2. das Gehäuse oder Schlossboden,
3. die Falle (federbelastet),
4. die Nuss (Vierkant als Achse),
5. der Wechsel,
6. die Sperre (federbelastet),
7. der Riegel,
8. Stulpschraube,
9. Profilzylinder.

**16** Einschubschlösser mit Schließzylinder

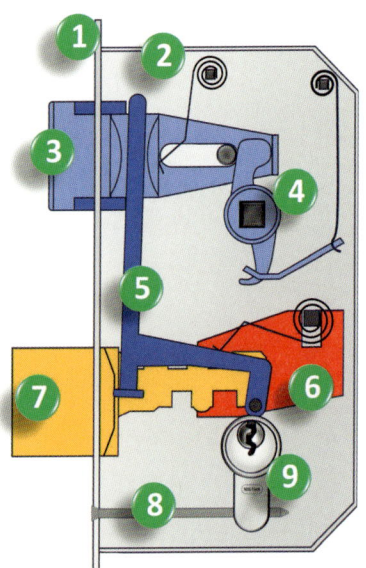

Bild 41: *Aufbau des Profilzylinderschlosses*

## 16.2 Aufgaben der Bauteile des Profilzylinderschlosses

Die einzelnen Bauteile des Zuhaltungsschlosses übernehmen folgende Aufgaben:
1. Der Stulp hat die Aufgabe den Schlosskasten auf der Schmalseite der Tür mittels Schrauben zu fixieren.

## 16.2 Aufgaben der Bauteile des Profilzylinderschlosses

2. Das Gehäuse oder auch Schlossboden genannt, nimmt die Bauteile im Inneren auf.
3. Die Falle ist federbelastet und schnappt aufgrund ihrer Keilform beim Zuziehen der Tür in das Schließblech.
4. Die Nuss betätigt mittels der Türdrückergarnitur die Falle.
5. Der Wechsel stellt die Verbindung zwischen dem Riegel und der Falle her. Bei Türen ohne Türdrücker, also mit einem Türknauf, lässt sich die Falle mit dem Schlüssel zurückziehen. Der Wechsel dient hierbei als Hebel und wird durch den Schließbart betätigt. Der Schließbart erreicht jedoch den Wechsel nur, wenn der Riegel ganz aufgeschlossen ist.
6. Die Sperre dient als Sicherung für den Riegel, damit kein ungewolltes Schließen oder Öffnen durch Erschütterungen geschieht. Die Sperre ist federbelastet und hält den Riegel in seiner jeweiligen Stellung fest.
7. Der Riegel sichert die Tür gegen unbefugten Zutritt und lässt sich nur mit dem passenden Schlüssel betätigen.

# Einschubschlösser mit Schließzylinder

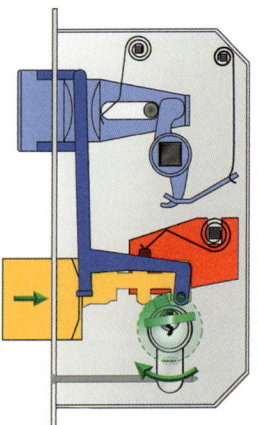

**Bild 42a:** *Der Schließbart des Profilzylinders hebt die Sperre und schiebt den Riegel.*

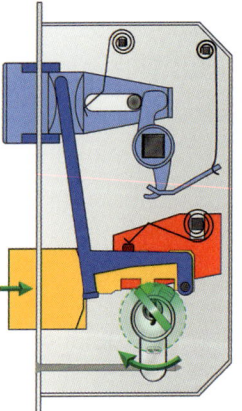

**Bild 42b:** *Die Sperre senkt sich und sperrt den Riegel.*

## 16.2 Aufgaben der Bauteile des Profilzylinderschlosses

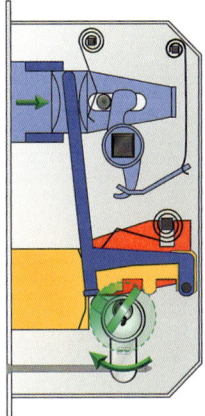

**Bild 42c:** *Bei vollständig eingefahrenem Riegel ist nun der Wechsel für den Schließbart erreichbar.*

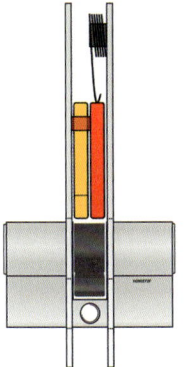

**Bild 42d:** *Frontalansicht Profilzylinder: Hier sieht man die gesenkte Sperre, die den Riegel sperrt.*

**16** Einschubschlösser mit Schließzylinder

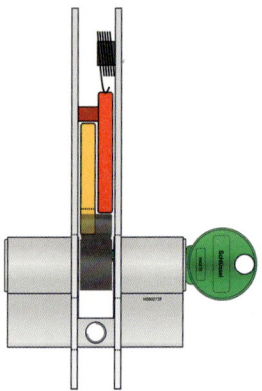

**Bild 42e:** *Frontalansicht Profilzylinder: Hier sieht man wie die Sperre durch den Schließbart angehoben wird und den Riegel freigibt.*

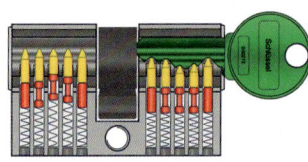

**Bild 42f:** *Funktion Profilzylinder: In der linken Zylinderhälfte sperren die Schließstifte den Zylinderkern gegen Verdrehen. In der rechten Zylinderhälfte steckt der passende Schlüssel. Alle Schließstifte sind auf eine Ebene gebracht und geben den Zylinderkern zum Drehen frei.*

Das zerstörungsfreie Entfernen eines Profilzylinders ist nur bei geöffneter Tür unter Verwendung des passenden Schlüssels möglich. Da bei Einsätzen der Feuerwehr in der Regel beides nicht zutrifft, muss der Zylinder entweder zerstörungsfrei manipuliert oder zerstörungsarm entfernt oder gefräst werden.

## 16.3 Zerstörungsfreies Öffnen von Profilzylindern durch »Picken«

Das zerstörungsfreie Öffnen von Profilzylindern mittels der »Pickmethode« stellt bei den öffentlichen Feuerwehren ein Problem dar, da die Mehrzahl der Einsätze dringend ist. Für das Öffnen mit der »Pickmethode« bedarf es jedoch viel Übung und Fingerspitzengefühl. Da die Einsatzkräfte bei den meisten Feuerwehren nicht ständig die gleichen Funktionen ausüben und meist nicht über die nötige Praxiserfahrung verfügen, ist diese Methode eher für Einsätze geeignet, die in ihrer Dringlichkeit nicht so hoch angesiedelt sind (beispielsweise Überprüfungen nach Wasserschäden). Wer Profilzylinder zerstörungsfrei öffnen möchte, muss sich bewusst sein, dass dies eine intensive Aus- und Fortbildung erfordert. Bei Einsätzen mit erhöhter Dringlichkeit sollten zerstörerische Methoden das Mittel der Wahl sein.

Beim Picken werden die Stifte innerhalb des Schließzylinders z. B. mit einem akkubetriebenen Pickgerät (▶ Bild 43) in Schwingung versetzt, sodass kurzzeitig die Trennlinie freigegeben ist und sich der Schließkern drehen lässt (▶ Bilder 44a und 44b).

# 16 Einschubschlösser mit Schließzylinder

**Bild 43:** *Elektropicker (Foto: A. Wendt GmbH)*

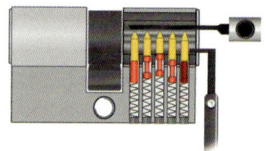

**Bild 44a:** *Picknadel im Schließkanal, Stifte im Ruhezustand*

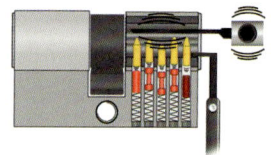

**Bild 44b:** *Picknadel im Schließkanal, Stifte in Vibration versetzt*

## 16.4 Zerstörungsarmes Entfernen von Profilzylindern

Die meistverwendete Methode zum zerstörungsarmen Entfernen von Profilzylindern ist das Ziehen des Zylinders aus dem Schlosskasten. Hierfür gibt es verschiedene Möglichkeiten und Werkzeuge:

- Ziehen des Zylinders mit dem Zieh-Fix (▶ Bild 45),
- Ziehen des Zylinders mit der Zylinderziehglocke (▶ Bild 46),

## 16.4 Zerstörungsarmes Entfernen von Profilzylindern

- Ziehen des Zylinders mit dem »multiZETTEX« (▶ Bild 47).

Bild 45: *Zieh-Fix (Foto: Wendt)*

Bild 46: *Zylinderziehglocke (Foto: A. Wendt GmbH)*

Bild 47: *»multiZETTEX« (Foto: Brandschutztechnik Müller GmbH)*

Alle genannten Möglichkeiten beruhen auf demselben Prinzip. Bei allen hier aufgeführten Werkzeugen werden die Profilzylinder durch Ausübung von Zugkräften aus dem Schlosskasten herausgebrochen. Bei richtiger Anwendung brechen die Profilzylinder an der Stulpschraubenbohrung auseinander.

## 16 Einschubschlösser mit Schließzylinder

Bei den nachfolgenden Ausführungen wird angenommen, dass Maßnahmen wie Erkundung nach geöffneten Fenstern, Klingeln, Öffnungsversuche der Falle etc. bereits vorausgegangen sind. Nach dem Entfernen des Schließzylinders wird die Schließung jeweils mit einem Neubauschlüssel betätigt (▶ Bild 48).

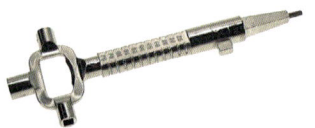

**Bild 48a:** *Neubauschlüssel (Foto: A. Wendt GmbH)*

**Bild 48b:** *Schrauben-Bithalter für Zugschrauben (Foto: Fa. Multipick-Service)*

## 16.4 Zerstörungsarmes Entfernen von Profilzylindern

### 16.4.1 Entfernen des Profilzylinders mittels »multiZETTEX«

1. Den Schließkanal und den Zylinder mit etwas Schmiermittel einsprühen (▶ Bild 49a).
2. Die Zieh-Fix Zugschraube mit einem Akku-Schrauber nur zur Hälfte[1] in den Schließkanal einschrauben (▶ Bild 49b).
3. Den »multiZETTEX« in die Zieh-Fix-Schraube einhängen und mit dem Handrad den Hebel etwas über die Waagrechte ausrichten (▶ Bild 49c).
4. Die Verlängerung bis zum Anschlag herausziehen.
5. Mit sanftem Druck auf das hintere Ende des Hebels den Zylinder herausbrechen (▶ Bild 49d).
6. Gegebenenfalls mit dem Handrad so nachjustieren, dass eine optimale Zugwirkung auf den Zylinder ausgeübt wird, ohne dass eine Knickbewegung auf die Zieh-Fix-Schraube wirkt.
7. Ggf. die innenliegende Schlosshälfte mit einem Schraubendreher nach innen herausstoßen.
8. Den Schließrotor mit einer Spitzzange oder einem flexiblen Stabmagneten aus dem Schlosskasten entfernen (▶ Bild 49e).
9. Nun kann das Schloss mit einem Neubauschlüssel aufgeschlossen werden (▶ Bild 49f).

---

[1] Tieferes Einschrauben der Zugschraube kann die Bruchgefahr selbiger erheblich erhöhen!

**Bild 49a:** *Der Schließkanal und Zylinder werden mit Schmiermittel eingesprüht.*

**Bild 49b:** *Mit dem Akku-Schrauber wird die Zieh-Fix Zugschraube in den Schließkanal eingeschraubt.*

## 16.4 Zerstörungsarmes Entfernen von Profilzylindern

**Bild 49c:** *Der »multiZET-TEX« wird in die Zieh-Fix Zugschraube eingehängt. An der Einstellschraube wird der Hebel in die Waagerechte gebracht.*

**Bild 49d:** *Verlängerter Hebel des »multiZETTEX«*

**Bild 49e:** *Mit leichtem Druck auf das hintere Ende des Hebels wird der Zylinder herausgebrochen.*

**Bild 49f:** *Mit einem Stabmagnet wird der Schließbart aus dem Schlosskasten entfernt.*

## 16.4 Zerstörungsarmes Entfernen von Profilzylindern

**Bild 49g:** *Das Schloss kann nun mit einem Neubauschlüssel aufgeschlossen werden.*

### 16.4.2 Entfernen des Profilzylinders mittels Zieh-Fix

1. Den Schließkanal und den Zylinder mit etwas Schmiermittel einsprühen.
2. Das Zieh-Fix-Werkzeug mit der Zieh-Fix Zugschraube am Profilzylinder ansetzen und mit dem Akkuschrauber mindestens 1,5 Zentimeter in den Schließkanal des Profilzylinders einschrauben (▶ Bild 50b).
3. Mit der Hand die untere Schraube handfest auf Vorspannung bringen (▶ Bild 50c). Nun mit einem T-Griff oder einer Ratsche an der oberen Schraube drehen, um einen nach unten wirkenden Kraftver-

lauf zu erzielen (▶ Bild 50d). Dies geschieht bis der Profilzylinder aus dem Schlosskasten herausbricht (▶ Bild 50e). Die andere Zylinderhälfte wird mit einem Durchschlag vorsichtig herausgestoßen.

4. Nach dem Entfernen der anderen Hälfte des Profilzylinders kann das Schloss mit dem Neubauschlüssel oder einem Dietrich geöffnet werden. Meist befindet sich der Schließrotor noch im Schließkanal. Diesen nicht mit Gewalt aus dem Schlosskasten entfernen, sondern mit der Spitzzange oder einem flexiblen Stabmagneten beseitigen, da sonst der Schließmechanismus des Schlosskastens beschädigt wird. Bei Beschädigungen des Schließmechanismus des Einschubschlosses ist ein Öffnen der Tür nur noch mit Gewalt möglich.

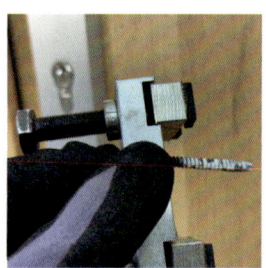

Bild 50a: *Die Zieh-Fix Schraube mit Sprühfett einsprühen.*

## 16.4 Zerstörungsarmes Entfernen von Profilzylindern

**Bild 50b:** *Mit dem Akkuschrauber wird die Zieh-Fix Schraube eingedreht.*

**Bild 50c:** *Die untere Hubschraube wird mit der Hand eingedreht.*

## 16 Einschubschlösser mit Schließzylinder

Bild 50d: *Mit einem Ratschenschlüssel die obere Schraube am Zieh-Fix eindrehen, bis der Zylinder abbricht.*

Bild 50e: *Herausziehen des abgebrochenen Profilzylinders mit dem Zieh-Fix*

## 16.4 Zerstörungsarmes Entfernen von Profilzylindern

Bild 50f: *Mit einem Stabmagnet wird der Schließbart aus dem Schlosskasten entfernt.*

Bild 50g: *Das Schloss kann nun mit einem Neubauschlüssel geöffnet werden.*

## 16.4.3 Entfernen des Profilzylinders mittels Zylinderziehglocke

1. Den Schließkanal und den Zylinder mit etwas Schmiermittel einsprühen.
2. Die Zieh-Fix Zugschraube mit einem Akku-Schrauber nur zur Hälfte[2] in den Schließkanal einschrauben (▶ Bild 51a).
3. Auf die Zugschraube wird die Zylinderziehglocke aufgesetzt.
4. Mit der Ratsche wird die Schraube auf Vorspannung gebracht. Es ist zu prüfen, ob der Profilzylinder in das Innere der Ziehglocke gelangen kann. Nun wird der Zylinder mit der Ratsche in das Innere der Glocke gezogen bis der Profilzylinder herausbricht (▶ Bild 51c).
5. Nach dem Entfernen der Profilzylinderteile kann das Schloss mit dem Neubauschlüssel oder einem Dietrich geöffnet werden. Meist befindet sich der Schließrotor noch im Schließkanal. Diesen nicht mit Gewalt aus dem Schlosskasten entfernen, sondern mit der Spitzzange oder einem flexiblen Stabmagneten beseitigen, da sonst der Schließmechanismus des Schlosskastens beschädigt wird. Bei Beschädigungen des Schließmechanismus des Ein-

---

[2] Tieferes Einschrauben der Zugschraube kann die Bruchgefahr selbiger erheblich erhöhen!

## 16.4 Zerstörungsarmes Entfernen von Profilzylindern

schubschlosses ist ein Öffnen der Tür nur noch mit Gewalt möglich.

**Bild 51a:** *Mit dem Akkuschrauber wird die Zieh-Fix-Schraube eingedreht.*

## 16   Einschubschlösser mit Schließzylinder

**Bild 51b:** *Eingeschraubte Zieh-Fix-Schraube*

**Bild 51c:** *Herausziehen des Zylinders mit der Zylinderziehglocke*

## 16.4 Zerstörungsarmes Entfernen von Profilzylindern

**Bild 51d:** *Abgebrochener Zylinder nach dem Ziehen mit der Zylinderziehglocke*

**Bild 51e:** *Mit einem Stabmagnet wird der Schließbart aus dem Schlosskasten entfernt.*

**Bild 51f:** *Das Schloss kann nun mit einem Neubauschlüssel geöffnet werden.*

## 16.5 Zylinderziehschutz bei Profilzylindern

Da das Sicherheitsbedürfnis der Bevölkerung immer mehr zunimmt und das Entfernen von Zylindern mit etwas Übung sehr einfach ist, haben die Hersteller reagiert und verschiedene Möglichkeiten entwickelt, um das Entfernen von Profilzylindern zu verhindern. Für die Einsatzkräfte gibt es keine Möglichkeit, diese Schutzmaßnahmen von außen zu erkennen. Die Erfahrungen zeigen, dass folgende Arten von Sicherungen immer häufiger anzutreffen sind:

## 16.5 Zylinderziehschutz bei Profilzylindern

**Ziehschutzvariante 1**

Diese Variante verhindert das Herausziehen des Zylinders, indem sich ein quer zum Profil eingebrachter Stift gegen das Türschild abstützt und somit ein Herausbrechen verhindert (▶ Bild 52).

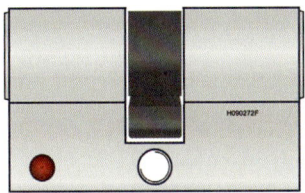

Bild 52: *Profilzylinder mit Axialziehschutz*

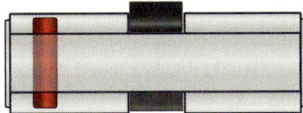

**Ziehschutzvariante 2**

Diese Variante verhindert das Herausziehen des Zylinders, indem ein längs zum Profil eingebrachter Hartmetallkern die Zugfestigkeit des Zylinders stark erhöht und somit ein Herausbrechen verhindert (▶ Bild 53).

## 16 Einschubschlösser mit Schließzylinder

Bild 53: **Profilzylinder mit Hartmetalleinlage als Ziehschutz**

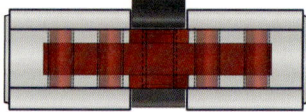

**Ziehschutzvariante 3**

Diese Variante verhindert das Herausziehen des Zylinders, indem eine Sollbruchstelle vor dem Schließbart abbricht und somit der Zugang zum Schlossinneren versperrt bleibt und nur mit erhöhtem Aufwand überwunden werden kann (▶ Bild 54).

Bild 54: **Profilzylinder mit Sollbruchstelle als Ziehschutz**

## 16.6 Aufbohren des Profilzylinders (Hausmeisteröffnung)

Einfache Zylinderschlösser können in der Regel auch aufgebohrt werden. Hierbei ist es egal, ob es sich um Oval- oder Rundzylinder handelt. Bei allen Zylindertypen verhindern Sperrstifte ein Drehen des Zylinderkerns, wenn sich kein passender Schlüssel im Schließkanal befindet. Werden jedoch mit einem Bohrer die Sperr- und Zuhaltungsstifte abgebohrt, lässt sich der Zylinderkern im Zylinder drehen. Da am Zylinderkern der Schließbart befestigt ist, wird dabei das Schloss aufgeschlossen (▶ Bilder 55 und 56).

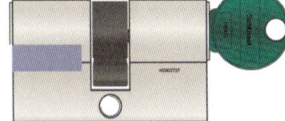

**Bild 55:** *Bohrung zum Öffnen von Profilzylindern*

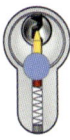
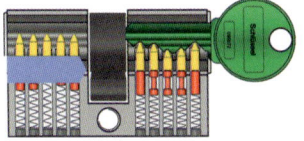

**Bild 56:** *Bohrung zum Öffnen von Profilzylindern im Detail*

Um ein Zylinderschloss aufzubohren, muss wie folgt vorgegangen werden:

**16** Einschubschlösser mit Schließzylinder

1. In den Spalt zwischen Zylinderkern und Gehäuse wird mit einem Körner ein Punkt gesetzt.
2. An dieser Stelle muss jetzt eine Bohrung mit einem Durchmesser von fünf bis sechs Millimetern in den Zylinder vorgetrieben werden. Dieses Bohren muss sehr langsam und gefühlvoll geschehen. Es ist darauf zu achten, dass am Zylinder kein Grat entsteht, der später ein Drehen des Zylinderkerns verhindern würde.

Der Zylinder lässt sich relativ leicht bohren, die Zuhaltungsstifte setzen dem Bohrer jedoch mehr Widerstand entgegen. Es ist darauf zu achten, dass nicht zu tief gebohrt wird, sonst besteht die Gefahr, dass der Schließbart beschädigt und so ein Aufschließen unmöglich gemacht wird. Ist die letzte Zuhaltung herausgebohrt, müssen die Trümmer und die Bohrspäne aus der Bohrung geholt werden. Dabei niemals die Späne mit dem Mund ausblasen, da sonst Verletzungsgefahr für die Augen besteht! Mit einem Schraubendreher, welcher in den Schließkanal gesteckt wird, lässt sich der Zylinder nun drehen.

## 16.7 Aufbohrschutz bei Profilzylindern

Moderne Zylinderschlösser sind gegen Aufbohren geschützt. Dieser Schutz besteht aus einem oder mehreren Stiften aus Hartmetall, welche in die Unterseite des Zylinders eingelassen sind (▶ Bilder 57a und 57b). Handelsübliche HSS-Bohrer halten diesem Material nicht stand. Der Aufbohrschutz ist äußerlich nicht zu erkennen.

## 16.7 Aufbohrschutz bei Profilzylindern

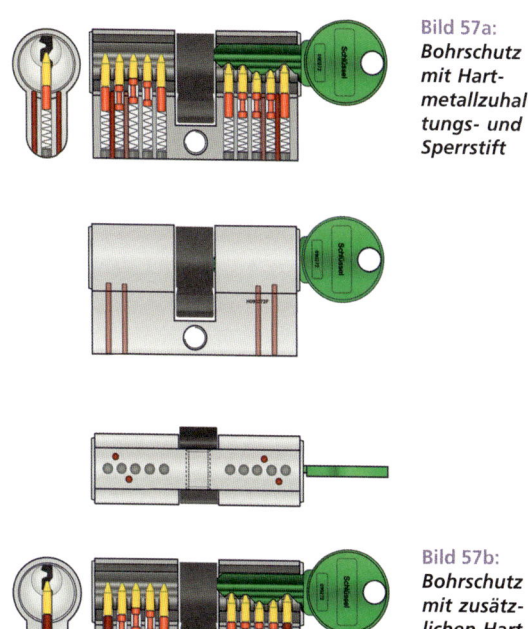

**Bild 57a:**
*Bohrschutz mit Hartmetallzuhaltungs- und Sperrstift*

**Bild 57b:**
*Bohrschutz mit zusätzlichen Hartmetallstiften im Profil*

Die Wahrscheinlichkeit, einen bohrgeschützten Zylinder anzutreffen, wird immer höher. Dies gilt vor allem für Zylinder mit gehärteten Zuhaltungs- und Sperrstiften. Bei der Herstellung dieser Profilzylinder ist kein weiteres Verfahren (z. B. zusätzliche Bohrungen) notwendig. Lediglich das Einbringen der hochwertigen Sperr- und Zuhaltungsstifte erbringt den Bohrschutz.

**Merke:**
Bei Profilzylindern mit Aufbohrschutz sollte das Zylinderziehen und Fräsen dem Zylinderaufbohren vorgezogen werden.

## 16.8 Sicherheitstürbeschläge

Zusätzlich wird das Entfernen oder Bohren von Schließzylindern oft durch Sicherheitstürbeschläge erschwert. Diese verhindern das Entfernen des Schließzylinders, indem der Zylinder komplett abgedeckt wird und somit nur noch der Schließkanal zugänglich ist. Auch ein Aufbohren ist nicht mehr möglich, da im Sicherheitstürbeschlag eine Bohrschutzplatte eingearbeitet ist, die so hart ist, dass ein handelsüblicher HSS-Bohrer nicht verwendet werden kann (▶ Bilder 58a und 58b).

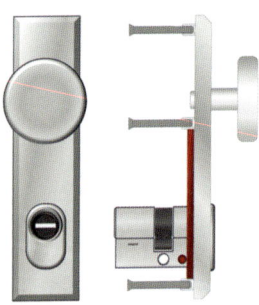

**Bild 58a:** *Sicherheitstürschild mit Bohrschutzplatte und zusätzliche Sicherung mit Profilzylinder mit Axialziehschutz*

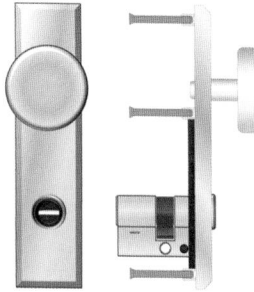

Bild 58b: *Sicherheitstürschild mit Bohrschutzplatte (nur der Schließkern ist sichtbar) und zusätzliche Sicherung mit Profilzylinder mit Axialziehschutz*

## 16.9 Sicherheitstürbeschläge mit Trennschleifer entfernen

Sind Türen mit Sicherheitstürbeschlägen versehen (z. B. bei Technik- oder Maschinenräumen), können diese mit einem elektrischen Trennschleifer entfernt werden (▶ Bilder 59a bis 59c). Danach ist der Schließzylinder frei zugänglich und kann mittels Ziehwerkzeugen oder Fräse bearbeitet werden.

**16** Einschubschlösser mit Schließzylinder

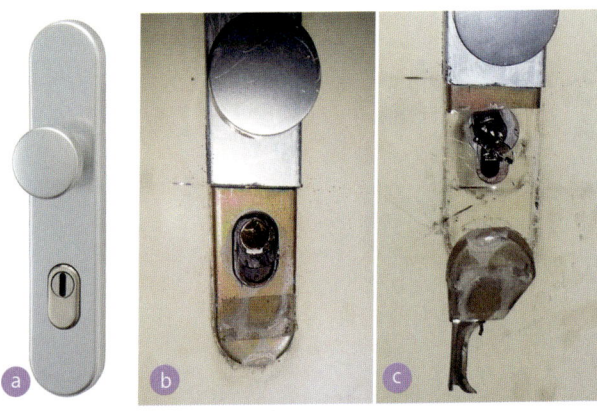

Bild 59: *a Sicherheitstürbeschlag b Zunächst muss das Außenschild des Sicherheitstürbeschlages entfernt werden. c Nach dem Entfernen der Stahleinlage kann der Zylinder gezogen oder gefräst werden.*

## 16.10 Fräsen von Profilzylindern mit 3 mm Fräser und 12 Volt Technik

Es kommt immer häufiger vor, dass Türen mit Sicherheitstürbeschlägen versehen sind. In diesen Fällen ist ein Ziehen des Zylinders nicht mehr möglich, da der Zylinder meist vollständig abgedeckt und nur noch der Schließkanal zugänglich ist. Um auch hier professionell agieren zu können und den Sachschaden so klein wie möglich zu halten, muss zu anderen Öffnungstechniken gegriffen werden. Hier bietet sich das

## 16.10 Fräsen von Profilzylindern mit 3 mm Fräser

Fräsen an. Die Handhabung erfordert – wie auch bei den bereits beschriebenen Öffnungsmethoden – etwas Übung. Beim Fräsen ist ganz besonders auf die Schutzausrüstung, wie Augen- und Gehörschutz, zu achten.

Beim Fräsen ist wie folgt vorzugehen (▶ Bilder 60a bis 60f):

1. Den Fräser leicht schräg in der Schlossmulde ansetzen. Das Ansetzen muss mit maximaler Drehzahl erfolgen, um ein Haken und Verkanten zu vermeiden. Diese Vorgehensweise kann man mit dem Stechschnitt beim Sägen mit einer Motorkettensäge vergleichen.
2. Den Fräser nun vorsichtig in eine waagrechte Stellung bringen und langsam ins Innere des Schließzylinders treiben bis man alle Schließstifte durch hat. Dies kann man deutlich spüren. Dieser Vorgang sollte mit wenig Druck ausgeführt werden, um ein Ausglühen des Fräskopfes zu verhindern.
3. Nun wird von vorne beginnend jeder einzelne Schließstift von oben nach unten vollständig weggefräst. Diesen Vorgang so lange wiederholen, bis nur noch ein Schließstift stehen bleibt. Dieser letzte Schließstift wird von unten durchgefräst. Zwischendurch kann es immer wieder notwendig sein, Stifte mit einem Picker oder ähnlichen Werkzeugen auszuräumen.
4. In das somit entstandene Langloch kann nun der Fräshilfsschlüssel eingeführt werden und der Schließzylinder aufgeschlossen werden.

## 16 Einschubschlösser mit Schließzylinder

5. Sollte es beim Öffnen haken, kann man einfach mit dem Fräser die restlichen Späne und Verunreinigungen aus dem Langloch fräsen.

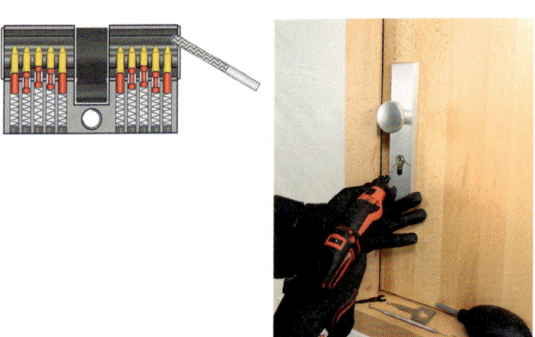

**Bild 60a:** *Fräsen von Profilzylindern 3 mm – Schritt 1*

## 16.10 Fräsen von Profilzylindern mit 3 mm Fräser

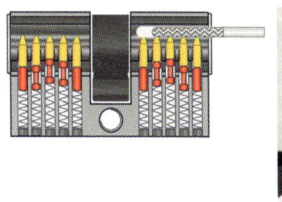

Bild 60b: *Fräsen von Profilzylindern 3 mm – Schritt 2*

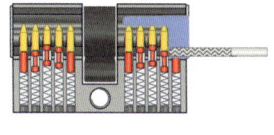

Bild 60c: *Fräsen von Profilzylindern 3 mm – Schritt 3*

## 16   Einschubschlösser mit Schließzylinder

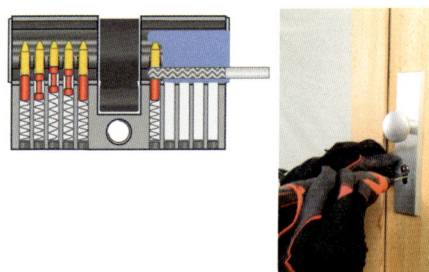

**Bild 60d:** *Fräsen von Profilzylindern 3 mm – Schritt 4*

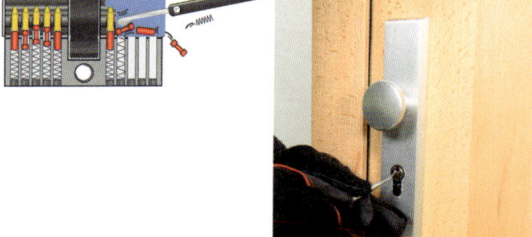

**Bild 60e:** *Fräsen von Profilzylindern 3 mm – Schritt 5*

**16.11** Fräsen von Profilzylindern mit 6 mm Fräser

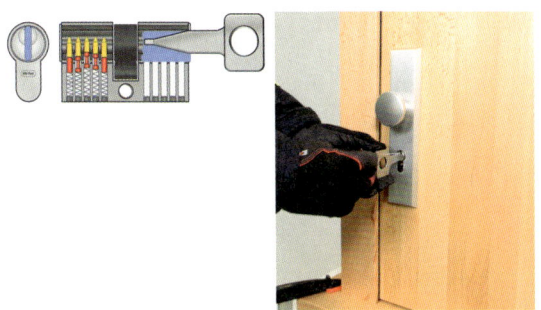

**Bild 60f:** *Fräsen von Profilzylindern 3 mm – Schritt 6*

## 16.11 Fräsen von Profilzylindern mit 6 mm Fräser und 18/28 Volt Technik

1. Den Fräser leicht schräg unterhalb des Zylinderkerns ansetzen. Das Ansetzen muss mit maximaler Drehzahl erfolgen, um ein Haken und Verkanten zu vermeiden. Diese Vorgehensweise kann man mit dem Stechschnitt beim Sägen mit einer Motorkettensäge vergleichen.
2. Den Fräser nun langsam in eine waagerechte Stellung bringen und vorsichtig mit leichten kreisenden

Bewegungen[3] ins Innere des Schließzylinders treiben, bis man alle Schließstifte durch hat. Dieser Vorgang sollte mit wenig Druck ausgeführt werden, um ein übermäßiges Erwärmen und Abbrechen des Fräsers zu verhindern. Zwischendurch kann es immer wieder notwendig sein, Stifte und Federn mit einem Picker oder ähnlichen Werkzeugen auszuräumen.

3. Sind alle Schließungen entfernt, kann nun der Schließkern mit einem schmalen Schraubendreher gedreht werden. Sollte es beim Öffnen haken, sollte man mit dem Fräser die restlichen Späne und Verunreinigungen aus dem Langloch fräsen.

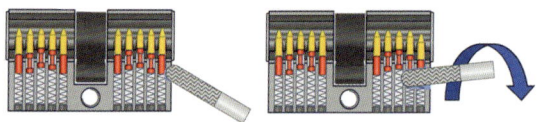

**Bild 61a:** *Fräsen von Profilzylindern 6 mm – Schritt 1 und 2*

---

3 Das Fräsloch erhält hierdurch eine Trichterform. Die Späne können somit gut abgeführt werden, womit einer übermäßigen Erwärmung des Fräsers entgegengewirkt wird.

## 16.11 Fräsen von Profilzylindern mit 6 mm Fräser

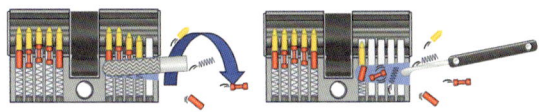

Bild 61b: *Fräsen von Profilzylindern 6 mm – Schritt 3 und 4*

Bild 61c: *Fräsen von Profilzylindern 6 mm – Schritt 5 und 6*

# 17 Rund- und Ovalzylinder

Nach den Profilzylindern sind die Rundzylinder die zweithäufigsten in Wohnungstüren verbauten Schließzylinder. Als Sonderbauform der Rundzylinder wurden Ovalzylinder entwickelt. Diese haben sich jedoch nie richtig durchgesetzt und kommen daher recht selten vor. Der Aufbau und die Konstruktion der Rund- und Ovalzylinder sind gleich. Beispielhaft wird im Folgenden der Rundzylinder vorgestellt.

Als Besonderheit beim Rund- und Ovalzylinder ist zu erwähnen, dass diese aus jeweils zwei eigenständigen Schließzylindern im Schlosskasten zusammengesteckt werden (▶ Bilder 62 und 63). Sie werden nicht wie der Profilzylinder durch eine Schraube im Schlosskasten fixiert. Vielmehr werden sie zusammengesteckt wie ein Bügelschloss. Die eine Schlosshälfte ist der Bügel und die andere Hälfte ist das Schloss. Durch das Zusammenstecken verriegeln sie sich gegenseitig. Jede Schlosshälfte hat einen eigenen Schließbart. Somit können Rund- und Ovalzylinder geschlossen werden, auch wenn auf einer Seite ein Schlüssel steckt.

**Bild 62a:** *Rundzylinder*

## 17.1 Montage und Demontage von Zylindern

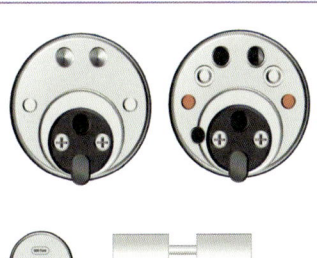

Bild 62b: *Rundzylinder Rücksansicht*

Bild 63a: *Ovalzylinder*

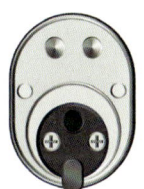

Bild 63b: *Ovalzylinder Rücksansicht*

## 17.1 Montage und Demontage von Rund- und Ovalzylindern

Um die Schlosshälften voneinander zu trennen, muss der passende Schlüssel auf »vier Uhr« gedreht werden. Dies geschieht an der Schlosshälfte mit dem größeren Schließkern. Wenn der Schlüssel auf »vier Uhr« gedreht wurde, wird eine Bohrung an der Unterseite des Schließkanals sichtbar. In diese Bohrung wird ein dünner Draht hineingesteckt. Durch leichten

Druck wird der Schließmechanismus geöffnet, die Schlosshälften können getrennt und aus dem Schlosskasten entfernt werden (▶ Bild 64).

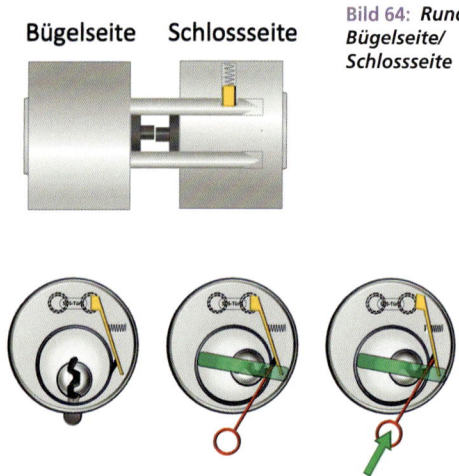

Bild 64: *Rundzylinder Bügelseite/Schlossseite*

Bild 65: *Rundzylinder Schlossseite*

## 17.2 Aufbau des Rund- und Ovalzylinderschlosskastens

Die Hauptbestandteile eines Rund- bzw. Ovalzylinderschlosskastens sind (▶ Bild 66):

1. der Stulp,

## 17.2 Aufbau des Rund- und Ovalzylinderschlosskastens

2. das Gehäuse (Schlossboden),
3. die Falle (federbelastet),
4. die Nuss mit Vierkantachse,
5. der Wechsel,
6. die Sperre (federbelastet),
7. der Riegel,
8. das Rundzylinderschloss.

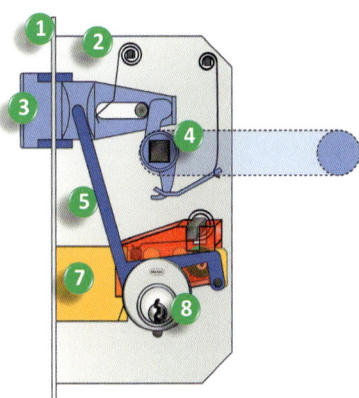

Bild 66: *Aufbau des Rund- bzw. Ovalzylinderschlosskastens*

Der Rund- bzw. Ovalzylinderschlosskasten ist im Prinzip wie der Bundbartschlosskasten aufgebaut. Jedoch ist die Sperre von beiden Seiten des Schlosskastens erreichbar. Sie ist u-förmig um den Riegel verbaut (▶ Bilder 67a bis 67c). Dies gewährleistet, dass die geteilten Schließbärte des Rund- bzw. Ovalzylinders von beiden Seiten unabhängig voneinander schließen können.

## 17 Rund- und Ovalzylinder

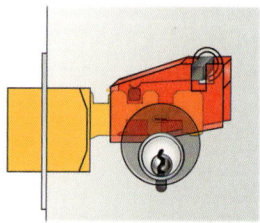

**Bild 67a:** *Rundzylinderschloss im Detail – verriegelt*

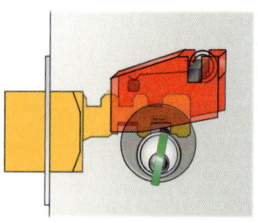

**Bild 67b:** *Rundzylinderschloss im Detail – Sperre angehoben*

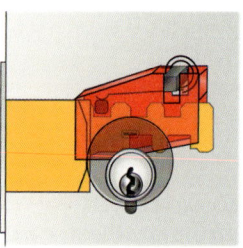

**Bild 67c:** *Rundzylinderschloss im Detail – aufgeschlossen*

## 17.3 Zerstörerisches Öffnen bei Rund- und Ovalzylindern

Für das zerstörerische Öffnen bei Rund- und Ovalzylindern gibt es u. a. folgende Möglichkeiten:

- Entfernen des Rund- bzw. Ovalzylinders mittels Zylinderziehglocke oder »multiZETTEX«,
- Bohrung auf »vier Uhr«,
- Abbohren oder Fräsen der Haltestifte,
- Fräsen des Schließkerns.

### 17.3.1 Entfernen von Rund- und Ovalzylindern mittels Zylinderziehglocke oder »multiZETTEX«

1. Den Schließkanal und den Zylinder mit etwas Schmiermittel einsprühen.
2. Die Zieh-Fix-Zugschraube mit einem Akku-Schrauber nur zur Hälfte in den Schließkanal einschrauben.
3. Auf die Zugschraube wird die Zylinderziehglocke aufgesetzt.
4. Mit der Ratsche wird die Schraube auf Vorspannung gebracht. Es ist zu prüfen, ob der Profilzylinder in das Innere der Ziehglocke gelangen kann. Nun wird der Zylinder mit der Ratsche in das Innere der Glocke gezogen bis der Profilzylinder herausbricht.

*oder*

# 17   Rund- und Ovalzylinder

**1.** Analog zur Vorgehensweise beim Profilzylinder, wird der »multiZETTEX« auf die Zugschraube aufgesetzt und durch langsames Herunterdrücken des ausgezogenen Hebelrohres wird der Zylinder aus dem Schlosskasten herausgezogen bis er abbricht.

Nach dem Entfernen der Zylinderteile kann das Schloss mit einem Schraubendreher geöffnet werden. Anders als beim Profilzylinder, passt in die geschaffene Öffnung kein Neubauschlüssel. Jedoch kann man die Sperre und den Riegel gut erkennen und diese mit dem Schraubendreher durch einfaches Rotieren betätigen. Die jetzt noch über die Falle verschlossene Tür kann man mit einem Schraubendreher über den Wechsel öffnen (▶ Bild 68).

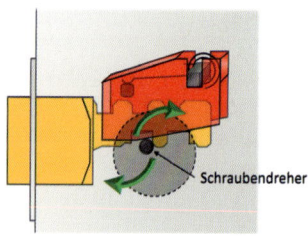

**Bild 68:** *Schließvorgang des Riegels und der Falle mit dem Schraubendreher nach der Entfernung des Zylinders*

Im Anschluss an den Einsatz kann man die intakte Zylinderhälfte außen in das Türschild einbringen. Dies dient jedoch lediglich dem Sichtschutz für Unbefugte. Unter Umständen ist aber auch ein Schließen und Öffnen noch möglich, wenn man den Zylinder beim Schließvorgang etwas in den Schlosskasten drückt.

## 17.3 Zerstörerisches Öffnen bei Rund- und Ovalzylindern

### 17.3.2 Bohrung auf »vier Uhr« bei Rund- und Ovalzylindern

Die Tatsache, dass Rund- bzw. Ovalzylinder im Schlosskasten wie ein Vorhängeschloss verriegelt sind, eröffnet die Möglichkeit, diese durch einfache Manipulation mittels einer Bohrung voneinander zu trennen. Bekanntermaßen besteht eine fünfzigprozentige Chance, dass das Rund- oder Ovalzylinderschloss falsch in den Schlosskasten eingebaut ist, nämlich mit dem Schlossteil nach außen. Nur wenige wissen, dass das Schlossteil nach innen gehört. Im Normalfall kann man die Zylinderhälften mit einem dünnen Draht voneinander trennen, wenn man mit dem passenden Schlüssel den Kern auf »vier Uhr« dreht, bis der Kanal für den Draht frei wird.

Da die Feuerwehr in der Regel aber keinen passenden Schlüssel hat, muss dieser Zugang zum Kanal durch eine Bohrung mit einem Durchmesser von vier Millimeter bei »vier Uhr« geschaffen werden. Und zwar genau an der Trennlinie zwischen Schließkern und Gehäuse. Wie oben bereits erwähnt, kann die Verriegelung nun mit dem Draht geöffnet und die Schlosshälften somit voneinander getrennt werden (▶ Bild 69). Im Anschluss an den Einsatz kann man die Zylinder entgegengesetzt wieder einbauen, die Schlosshälfte mit der Bohrung befindet sich nun im Inneren der Wohnung. Die Schließung bleibt somit funktionsfähig.

# 17 Rund- und Ovalzylinder

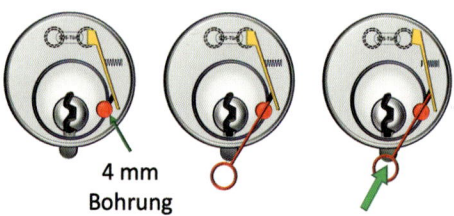

4 mm
Bohrung

**Bild 69:** *Manipulation des Haltemechanismus mittels Freilegung der Montagebohrung durch Bohren auf »vier Uhr«*

## 17.3.3 Abbohren oder Fräsen der Haltestifte bei Rund- und Ovalzylindern

Befindet sich das Schlossteil im Inneren der Wohnung, besteht die Möglichkeit, die Haltestifte abzubohren oder abzufräsen. Dazu zieht man zwei gedachte Linien links und rechts am Schließkern senkrecht nach oben und verbindet diese zirka fünf Millimeter oberhalb des Schließkerns mit einer gedachten waagerechten Linie. An den Schnittpunkten der Linien bohrt oder fräst man mit einem Sechs-Millimeter-Bohrer/Fräser zwei Löcher (▶ Bild 70). Hierdurch werden die Haltestifte herausgebohrt bzw. -gefräst und die Zylinderhälften lassen sich entnehmen. Können die Haltestifte nicht auf Anhieb genau getroffen werden, erweitert man die Bohrungen auf acht Millimeter Durchmesser.

## 17.3 Zerstörerisches Öffnen bei Rund- und Ovalzylindern

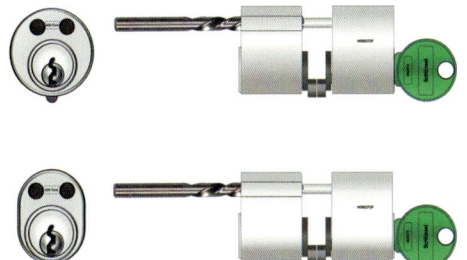

Bild 70: *Abbohren der Haltestifte*

### 17.3.4 Fräsen des Schließkerns bei Rund- und Ovalzylindern

Die Vorgehensweise erfolgt hier genau wie beim Fräsen von Profilzylindern (▶ Kapitel 16.10). Der Vorteil gegenüber dem Abbohren oder Fräsen der Haltestifte ist, dass man den Zylinder nach dem Einsatz mit der intakten Seite nach außen wieder einbauen kann. Somit bleibt das Schloss mit dem eigentlichen Schlüssel schließbar.

## 17 Rund- und Ovalzylinder

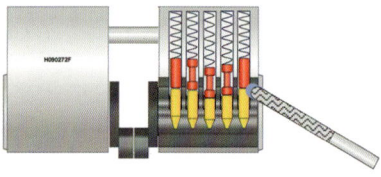

Bild 71a: *Fräser schräg ansetzen, um einzutauchen.*

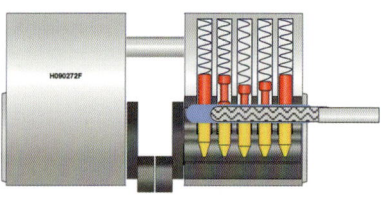

Bild 71b: *Fräser horizontal eintauchen bis alle Stifte durchgesägt sind.*

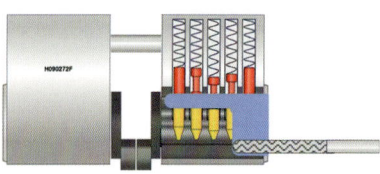

Bild 71c: *Mit dem Fräser in kleinen Schritten Stiftpaar für Stiftpaar herausfräsen.*

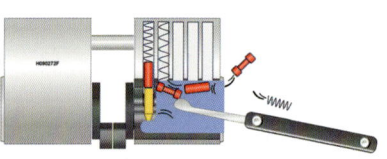

Bild 71d: *Ggf. mit Hilfswerkzeugen die Stifte herausholen.*

## 17.3 Zerstörerisches Öffnen bei Rund- und Ovalzylindern

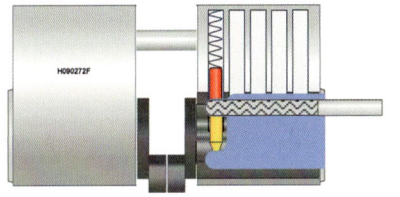

**Bild 71e:** *Letztes Durchfräsen: Hierdurch wird das frühzeitige Verdrehen des Zylinders verringert.*

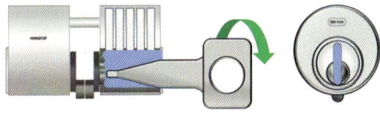

**Bild 71f:** *Für den Öffnungsvorgang mit dem Fräshilfsschlüssel den Zylinderkern drehen.*

# 18 Das zerstörungsfreie Öffnen von gekippten Fenstern und Balkontüren

Dem Grundsatz der Verhältnismäßigkeit entsprechend, kann es Sinn machen, dem Zugang ins Innere einer Wohnung durch zerstörungsfreies Öffnen von gekippten Fenstern den Vorrang zu geben. Es kann auch vorkommen, dass ein Eindringen durch die Wohnungstür nur mit erhöhtem technischen und zeitlichen Aufwand möglich ist. Darum muss immer parallel nach alternativen Zugangsmöglichkeiten gesucht werden. Hierfür bieten sich gekippte Fenster und Balkontüren in erreichbarer Höhe an, wobei hiermit auch Fenster gemeint sind, die mit einer tragbaren Leiter oder Drehleiter erreicht werden können.

## 18.1 Vorgehensweise mit dem Fensteröffner

Mit dem Fensteröffner (▶ Bild 72) lassen sich gekippte Fenster oder Balkontüren wie folgt öffnen:
1. Bei Erreichen des gekippten Fensters bzw. der gekippten Balkontür wird der Bügel des Fensteröffners mit dem Gummi vorgespannt und mit dem Auslösehaken gesichert.
2. Unter Verwendung der Einführhilfe wird der vorgespannte Fensteröffner in das gekippte Fenster

## 18.1 Vorgehensweise mit dem Fensteröffner

eingeführt, wobei darauf zu achten ist, dass er mit der halbrunden Aussparung nach außen zeigt (▶ Bild 73a).
3. Vorsichtig wird der Fensteröffner nun über den nach oben stehenden Fenstergriff gestülpt, bis der mit dem Gummi vorgespannte Bügel zuschnappt und den Fenstergriff sichert.
4. Die Schnur des Fensteröffners wird oben am Fenster entlang auf die gegenüberliegende Seite des Fenstergriffes geführt (▶ Bild 73b).
5. Mit der Zuziehhilfe (Gummisauger) wird das Fenster oben am Fensterrahmen zugezogen (▶ Bild 73c). Jetzt wird vorsichtig an der Schnur gezogen, wobei diese etwas nach unten geführt werden soll, bis der Fenstergriff waagerecht steht. Nun kann leicht gegen das Fenster gedrückt werden, bis es sich öffnet (▶ Bild 73d).

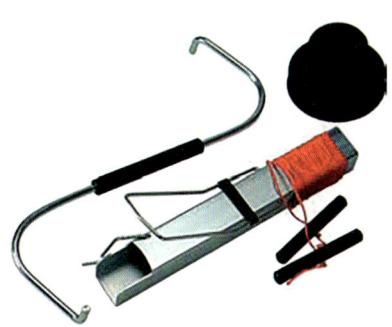

Bild 72: *Fensteröffner mit Zubehör (Foto: A. Wendt GmbH)*

## Zerstörungsfrei gekippte Fenster öffnen

Bild 73a: *Einbringen des vorgespannten Fensteröffners (Foto: A. Wendt GmbH)*

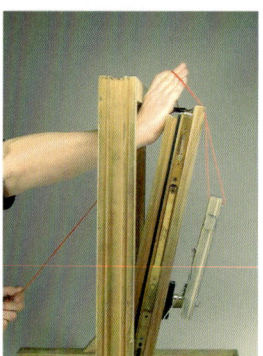

Bild 73b: *Verlegen der Ziehschnur auf die gegenüberliegende Seite des Fenstergriffs (Foto: A. Wendt GmbH)*

## 18.1 Vorgehensweise mit dem Fensteröffner

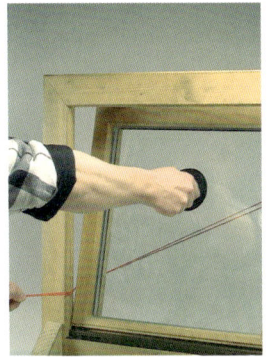

Bild 73c: *Zuziehen des gekippten Fensters mithilfe des Gummisaugers*
*(Foto: A. Wendt GmbH)*

Bild 73d: *Fenster nach dem Öffnen mit dem Fensteröffner*
*(Foto: A. Wendt GmbH)*

## 18.2 Vorgehensweise mit dem »Genius«-Fensteröffner

Mit dem »Genius«-Fensteröffner (▶ Bild 74) lassen sich gekippte Fenster oder Balkontüren wie folgt öffnen:

1. Der »Genius«-Fensteröffner wird vorsichtig über den nach oben stehenden Fenstergriff gestülpt, bis er einen festen Sitz hat.
2. Die Schnur des Fensteröffners wird oben am Fenster entlang innen auf die gegenüberliegende Seite des Fenstergriffes geführt.
3. Mit der Zuziehhilfe (Gummisauger) wird das Fenster oben am Fensterrahmen zugezogen.
4. Jetzt wird vorsichtig an der Schnur gezogen, wobei diese etwas nach unten geführt werden soll, bis der Fenstergriff waagerecht steht. Während des Ziehens muss die Kugel leicht nach unten gezogen werden. Hierdurch wird gewährleistet, dass der Gummi auf dem Fenstergriff stecken bleibt. Nun leicht gegen das Fenster drücken, bis es aufgeht.

## 18.2 Vorgehensweise mit dem »Genius«-Fensteröffner

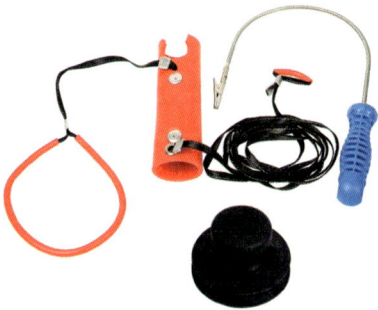

**Bild 74:** *»Genius« Fensteröffner (Grafik: Fa. Multipick-Service)*

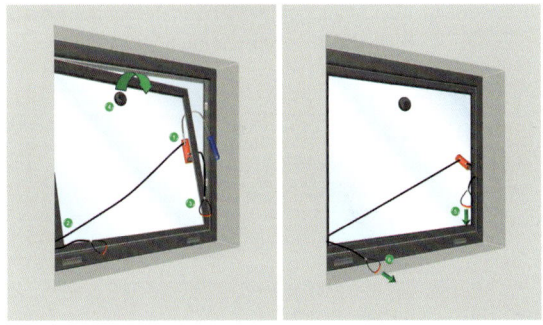

**Bild 75a:** *Anwendung des »Genius« Fensteröffners Schritt 1 und 2*

# 18 Zerstörungsfrei gekippte Fenster öffnen

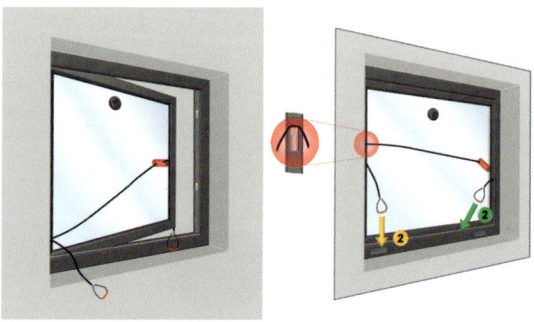

**Bild 75b:** *Anwendung des »Genius« Fensteröffners Schritt 3 und 4*

**Wichtig:**

Die Zugschnur muss unbedingt bis in die untere Ecke (▶ Bild 75a links) geführt werden. Ansonsten könnte sich das Zugseil auf einer der oberen Schließungen verhaken (▶ Bild 75b rechts). Hierdurch kann dann der Griff nur zum Teil gedreht werden, was dazu führen kann, dass das Fenster nun verschlossen ist und sich ggf. nicht öffnen lässt.

**Achtung!**

Werden Fenster von einer Leiter aus mit einem Fensteröffner geöffnet, ist unbedingt auf die Absturzsicherung zu achten!

## 18.3 Öffnen von verschlossenen Fenstern mit dem »Woper«-Fensteröffner

Der »Woper«-Fensteröffner (▶ Bild 76) ist ein mechanisches Öffnungswerkzeug für nahezu alle verschlossenen Flügelfenster mit Holz-, Metall- oder Kunststoffrahmen und Drehgriffbedienung (ohne abgeschlossene Drehgriffe). Die Öffnung verschlossener Fenster erfolgt ohne Glasbruch folgendermaßen:

1. Zunächst wird ein Loch mit 12,5 Millimeter Durchmesser in den Fensterrahmen gebohrt (▶ Bild 77a). Die Bohrung wird parallel zur Griffachse, zirka drei bis vier Zentimeter unter dieser, ausgeführt.
2. Anschließend wird der »Woper«-Fensteröffner in gestrecktem Zustand durch die Bohrung geführt (▶ Bild 77b). Dabei knickt das Gelenk nach unten ab. Jetzt kann der »Woper«-Fensteröffner mit seinen beidseitig ausgefrästen Schenkeln (die Ausfräsungen dienen als Führung) mittels Drehbewegung an den Griff herangeführt werden (▶ Bild 77c). Durch eine weitere Drehung wird das Fenster mit geringem Kraftaufwand geöffnet (▶ Bild 77d).
3. Nach erfolgter Öffnung kann die gesetzte Bohrung mittels eines Reparaturkits wieder verschlossen werden.

## 18  Zerstörungsfrei gekippte Fenster öffnen

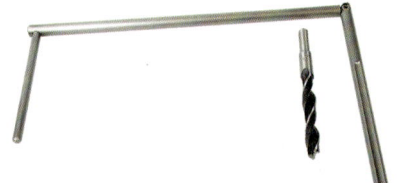

Bild 76: »Woper«-Fensteröffner (Foto: Fa. Multipick-Service)

Bild 77a: *In den Fensterrahmen wird ein Loch mit 12,5 Millimeter Durchmesser gebohrt.*

## 18.3 Verschlossene Fenster mit dem »Woper« öffnen

Bild 77b: *Durchführung des »Woper«-Fensteröffners durch die Bohrung*

Bild 77c: *Heranführung des abgeknickten Gelenkteils an den Fenstergriff*

# 18  Zerstörungsfrei gekippte Fenster öffnen

Bild 77d: *Öffnung des Fensters mittels Drehbewegung*

## 18.4 Öffnen von verschlossenen Fenstern mit einer Glaslochsäge

Mit einer Diamant-Glaslochsäge mit einem Durchmesser von 45 mm und einem Fensteröffnungshebel können nahezu alle verschlossenen Flügelfenster mit Drehgriffhandhabe (ohne abgeschlossene Drehgriffe) geöffnet werden.

## 18.4 Verschlossene Fenster mit »Glaslochsäge« öffnen.

Bild 78a: *Diamant-Glaslochsäge mit einem Durchmesser von 45 mm (Foto: Fa. Volk Sicherheitstechnik)*

Bild 78b: *Acryl-Anbohrhilfe mit einem Durchmesser von 45 mm*

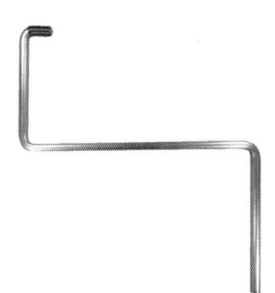

Bild 78c: *Fensteröffnungshebel (Foto: Fa. Volk Sicherheitstechnik)*

1. Die Acryl-Anbohrhilfe in Höhe des Fenstergriffes mit doppelseitigem Klebeband ankleben. Diese dient beim Bohren als Zentrierhilfe.

## 18 Zerstörungsfrei gekippte Fenster öffnen

2. Mit der Diamant-Glaslochsäge unter ständigem Kühlen mit Wasser alle Glasscheiben durchbohren.
3. Mit dem Fensteröffnungshebel den Fenstergriff drehen, bis sich das Fenster öffnen lässt.
4. Ggf. den Fensteröffnungshebel nach unten kippen, um den Fenstergriff bis in die Waagerechte zu bringen.

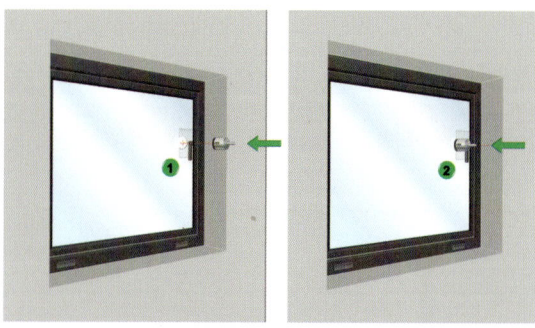

**Bild 79a:** *Vorgehensweise bei der Öffnung mit einer Glaslochsäge – Schritt 1 und 2*

### 18.4 Verschlossene Fenster mit »Glaslochsäge« öffnen.

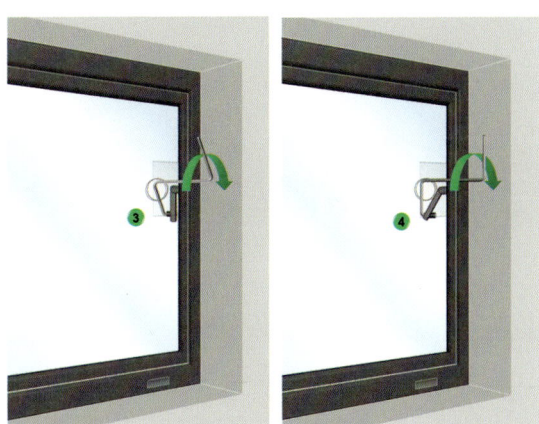

Bild 79b: *Vorgehensweise bei der Öffnung mit einer Glaslochsäge – Schritt 3 und 4*

## 18 Zerstörungsfrei gekippte Fenster öffnen

**Bild 79c:** *Vorgehensweise bei der Öffnung mit einer Glaslochsäge – Schritt 5 und 6*

# 19 Öffnen von zweiflügligen Türen

Bei Altbauten sind oft zweiflüglige Türen als Wohnungstüren eingebaut. Diese lassen sich, wenn nicht nachträglich Sicherungsmaßnahmen durchgeführt wurden, durch einfaches Ziehen der Riegel öffnen. Der Standflügel ist oben und unten im Türfalz mit je einem Riegel arretiert. Drückt man den beweglichen Flügel mit Hilfe eines Minihebekissens (▶ Bild 80b) nacheinander an der Ober- und Unterkante der Schlossseite nach innen, werden die Riegel der Standtür erreichbar. Unterstützen kann man das Aufdrücken durch die Verwendung von Holzkeilen. Mit einem Schraubendreher werden die Riegel gezogen. Diese sind in der Regel als Schiebe- oder Klappriegel in der Schmalseite der Standtür eingelassen. Drückt man nun gegen beide Türen gleichzeitig, ziehen sich der Schlossriegel und die Falle aus dem Standflügel heraus und der Zugang wird ohne Beschädigung der Tür möglich.

Bild 80a: *Minihebekissen (Foto: Adolf Würth GmbH & Co. KG)*

## 19 Öffnen von zweiflügligen Türen

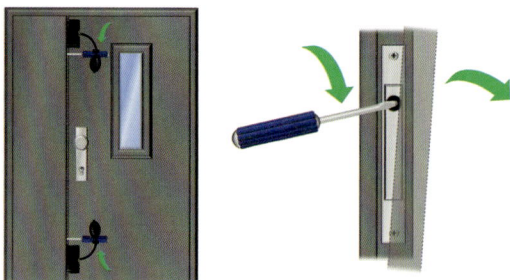

**Bild 80b:** *Einbringen der Minihebekissen und Öffnen der Doppelflügeltüren*

# 20 Türketten, Sicherheitstürsperren und Vorhängeschlösser

Türketten und Türsperren bieten einen zusätzlichen Schutz vor unbefugtem Zutritt durch Vertreter oder Hausierer. Sie sind meist nur von innen zugänglich und von außen nicht sichtbar (▶ Bilder 81 und 82). Einige Türketten und Türsperren haben eine zusätzliche Außenbetätigung mittels eines Schließzylinders. Beim Öffnen von Türen mit zusätzlichen Schließzylindern sollte dennoch immer erst der Zugang über die Regelschließung der Tür geschaffen werden. Es kann durchaus sein, dass die Zusatzschließung nicht verschlossen ist. So geht beim Versuch, diese zuerst zu öffnen, wertvolle Zeit verloren. Wenn beim Öffnen von Türen diverse Türketten, Sicherheitstürsperren oder gar Vorhängeschlösser (▶ Bild 83) zum Vorschein kommen, so können diese in der Regel mit einem Bolzenschneider durchtrennt werden. Sicherheitsketten lassen sich innerhalb des Türspalts mit dem Bolzenschneider gezielt durchtrennen.

Türsperren mit Sperrbügel lassen sich nicht mit dem Bolzenschneider öffnen. In diesem Fall kann man mit einem schweren, langen Gegenstand (z. B. Ziehhebel oder Hammer) die Türsperre abschlagen (▶ Bild 85). Hierbei ist es wichtig, den Schlag innerhalb des Türspalts durchzuführen, um Beschädigungen des Türrahmens und Türblatts durch Fehlschläge zu vermeiden. In den meisten Fällen geben die Schraubverbindungen am Türrahmen nach und die Tür lässt sich öffnen.

## 20  Türketten, Türsperren und Vorhängeschlösser

Bild 81: *Türsperrenkette (Foto: ABUS)*

Bild 82: *Tür mit Sicherheitstürkette*

Bild 83: *Vorhängeschlösser können meist mit einem Bolzenschneider durchtrennt werden*

## 20 Türketten, Türsperren und Vorhängeschlösser

Bild 84: **Bolzenschneider**

Bild 85:
**Durchschlagen von Türketten**

# 21 Zusatzschlösser

Zusatzschlösser erkennt man an der Lage der Schließzylinder. Diese befinden sich immer außerhalb des Türschilds. Zusatzschlösser bestehen in der Regel aus einem auf der Innenseite der Tür angebrachten Kastenschloss, welches mit einer Handschließung versehen ist. Dieses Kastenschloss kann von einem an der Außenseite der Tür zugänglichen Rundzylinder auf- bzw. abgeschlossen werden. Anders als bei den Rundzylindern in Einschubschlosskästen, sind diese Rundzylinder mit zwei fünf Millimeter starken Schrauben durch die Tür hindurch an dem innenliegenden Kastenschloss verschraubt.

## 21.1 Mögliche Einbauorte von Zusatzschlössern

Es gibt verschiedene Arten von Zusatzschlössern, die zusätzlich zum »normalen« Türschloss eingebaut sein können (▶ Bild 87):
   1. Türsperre (Zusatzschloss),
   2. Panzerriegel (Zusatzschloss),
   3. Türkette (Zusatzschloss),
   4. normales Türschloss,
   5. Bodenverriegelung (z. B. bei Glastüren – Zusatzschloss).

## 21.1 Mögliche Einbauorte von Zusatzschlössern

**Bild 86:** *Zusatzschloss mit Sperrbügel (Foto: Firma Abus)*

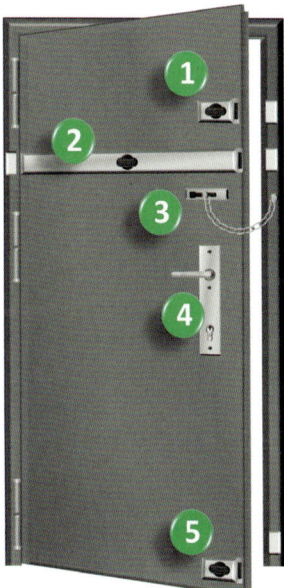

**Bild 87:** *Mögliche Anbringungsorte von Zusatzsicherungen*

# 21 Zusatzschlösser

## 21.2 Abbohren oder Fräsen der Zusatzschließzylinder

Beim Abbohren oder Fräsen der Zusatzschließzylinder ist es sehr wichtig, die Lage der Bohrungen bzw. Fräsungen genau anzusetzen. Man zieht zwei gedachte senkrechte Linien rechts und links des Zylinderkerns. Direkt über dem Zylinderkern wird eine gedachte waagerechte Linie gezogen. An den Kreuzungspunkten der Linien bohrt bzw. fräst man je ein Loch mit einem Durchmesser von sechs Millimetern, gegebenenfalls müssen die Löcher auf acht Millimeter erweitert werden. Durch diese Bohrungen können die Befestigungsschrauben des Außenzylinders entfernt werden (▶ Bild 88). Nach dem Entfernen des Zylinders aus der Tür kann das Kastenschloss mit einem Schraubendreher betätigt werden (▶ Bild 89).

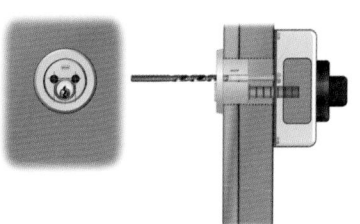

Bild 88:
*Abbohren der Halteschrauben bei Zusatzschlössern*

## 21.2 Abbohren oder Fräsen der Zusatzschließzylinder

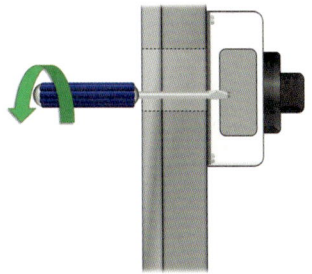

Bild 89: *Mit dem Schraubendreher kann das Schloss betätigt werden.*

# 22 Standardeinsatzregel »Türöffnung«

Das Standardeinsatzregel »Türöffnung« kann als Hilfestellung für einen Einsatzstandard bei Türöffnungen herangezogen werden. Die Entscheidungsfindung kann sicher, schnell und lösungsorientiert unter folgenden Gesichtspunkten erfolgen:
- Aufwand,
- Sicherheit,
- Schnelligkeit,
- Erfolgsaussichten,
- Nachhaltigkeit.

## 22 Standardeinsatzregel »Türöffnung«

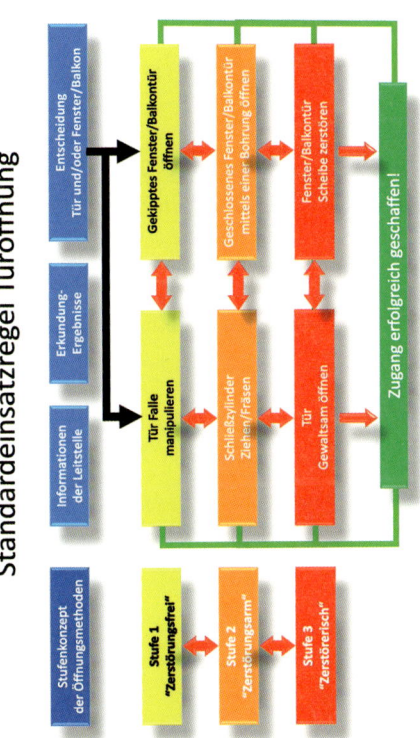

Bild 90: *Standardeinsatzregel Türöffnung*

# 23 Exkurs: Kraftfahrzeugtüröffnung

Es gibt für die Feuerwehr drei wesentliche Einsatzsituationen, die ein Eindringen in ein Kfz notwendig machen.
1. Personen im Fahrzeug eingeschlossen (internistische Ursache oder Kleinkind),
2. Tiere im Fahrzeug,
3. auslaufende Betriebsmittel oder sonstige technische Hilfeleistungsmaßnahmen.

Bei den Punkten 1 und 2 wird unverzüglich eine Zugangsöffnung durch eine Fensterscheibe (z. B. mittels Federkörner) durchgeführt.

Im Falle des 3. Punktes werden Sofortmaßnahmen, wie Auffangen von auslaufenden Betriebsmitteln ergriffen. Anschließend kann das Fahrzeug auf polizeiliche Anweisung durch ein Abschleppunternehmen abgeschleppt werden.

# Nachwort

Ich möchte zu bedenken geben, dass gerade bei Türöffnungen die Einsatz- und Rettungskräfte in einem besonderen Fokus stehen. Nachbarn, Angehörige und Schaulustige stehen im unmittelbaren räumlichen Kontakt zu den Einsatzkräften. Oft sind gerade die Angehörigen und Nachbarn mit der Art und Weise unseres Vorgehens nicht vertraut und nicht meinungskonform. Sie stehen unter einem besonderen emotionalen Stress. Dies erhöht oft den Leistungsdruck auf die Einsatzkräfte. Dennoch muss der Einsatz ruhig und besonnen abgearbeitet werden. Dazu gehören nicht nur das Öffnen von Türen oder Fenstern, sondern vielmehr auch die betreuenden Maßnahmen und der pietätvolle Umgang mit den Angehörigen.

Des Weiteren möchte ich es nicht unerwähnt lassen, dass wir auch natürlichen Grenzen unterstehen, welche mit unseren Mitteln und Möglichkeiten nicht oder nur mit großem Aufwand zu überwinden sind. Bei Notfalltüröffnungen gilt grundsätzlich die Prämisse, dass es sicher und schnell gehen muss. So liegt es in der Verantwortung des jeweiligen Einsatzleiters, auch einmal ungewöhnliche Entscheidungen zu treffen. Dies kann bis hin zum Einsatz von Motorsägen, dem Abtragen von Dacheindeckungen und Aufstemmen von Mauerwerk gehen. Der Einsatzleiter muss seine Entscheidungen zeitnah treffen, um zum Einsatzerfolg zu gelangen.

Es gibt mit Sicherheit noch eine Vielzahl von Werkzeugen und Möglichkeiten, um Türen zu öffnen. Genauso gibt es favorisierte Vorgehensweisen, welche nicht schlechter oder besser sein müssen. Es ist jedoch wichtig, den eigenen Horizont

# Nachwort

zu erweitern und viele Varianten zu kennen, um auch in Grenzsituationen improvisieren zu können. Wie bei vielen anderen »Technischen Hilfeleistungs-Einsätzen« ist der Kreativität bei der Auswahl der Lösungsmöglichkeiten keine Grenze gesetzt, sofern diese dem Hilfeersuchenden helfen, den Verhältnismäßigkeiten entsprechen und im Rahmen der Unfallverhütungsvorschriften (UVV) durchgeführt werden können. Eine »Hundertprozentlösung« gibt es in der Regel jedoch nicht. Die hier erwähnten Möglichkeiten und Vorgehensweisen stellen nur einen Auszug dar und sollen dem Leser zu weiteren sinnvollen Varianten verhelfen. Es soll immer im Sinne der Betroffenen gearbeitet werden, nicht für das eigene »Ego«. Mit anderen Worten ausgedrückt: Was nützt das beste Werkzeug und das umfangreichste Wissen, wenn es auch ganz einfach und schnell gehen kann und der Betroffene dabei weniger Einschränkungen erleiden muss?

Um das Wissen im Bereich der Türöffnungen stets aktuell zu halten und mit der Weiterentwicklung der Schließtechnik Schritt halten zu können, freue ich mich über Anregungen sowie Erfahrungsberichte zu neuen bzw. bislang unbekannten Schließsystemen.

Graben-Neudorf, April 2025
Oberamtsrat Frank Hüsch